综合风险分析与应急评价

Risk Analysis and Emergency Management Assessment

陈　安　吴波鸿　李季梅　倪慧荟　等　著

科　学　出　版　社

北　京

内 容 简 介

本书系统阐述风险与应急评价的基本概念、原理、方法和应用。从风险分析与评价的视角，重点介绍传统风险矩阵及其局限性，在此基础上提出加法、减法、乘法和除法四种新的扩展形式，从风险多维度分析的角度构建原始风险九度分析模型及其改进模型，并以校园风险和区域灾害风险为例，详细介绍综合风险分析方法的应用。从应急评价的视角，重点从可减缓性、可救援性和可恢复性三个角度，对应急管理事中评价的分析框架、概念模型和应用进行系统介绍。此外，还提出从三维角度开展风险分析与应急评价的思路，给出示例分析方法和模型，为实现评价的全面性和系统性提供新的路径。

本书既可以作为风险分析与应急评价领域研究人员的参考用书，也可以作为相关领域从业者的实践指导手册，还可用作安全与应急管理相关专业的师生用书。

图书在版编目(CIP)数据

综合风险分析与应急评价 / 陈安等著. —北京：科学出版社，2020.1
ISBN 978-7-03-062254-9

Ⅰ. ①综… Ⅱ. ①陈… Ⅲ. ①突发事件-风险管理 ②突发事件-应急对策 Ⅳ. ①D035.34

中国版本图书馆 CIP 数据核字(2019)第 200261 号

责任编辑：杨婵娟 吴春花 / 责任校对：杨 赛
责任印制：赵 博 / 封面设计：有道文化

科学出版社 出版
北京东黄城根北街 16 号
邮政编码：100717
http://www.sciencep.com

北京科印技术咨询服务有限公司数码印刷分部印刷
科学出版社发行 各地新华书店经销
*
2020 年 1 月第 一 版 开本：720×1000 1/16
2025 年 6 月第五次印刷 印张：13 3/4
字数：189 000

定价：108.00 元

(如有印装质量问题，我社负责调换)

前　　言

“风险”一词由来已久，风险的评估和管理也可追溯至古希腊、古罗马时代之前，而正式的风险分析在近代才开始出现。总的来说，风险分析就是对风险进行多角色、多阶段、多范围和多维度的综合评价。准确有效的风险分析和应急评价不仅可以使管理者实时掌握突发事件风险的状态和演化情况，还可以帮助管理者清楚地了解各类应急资源的配置情况，这对风险防控和应急管理来说至关重要。一直以来，评价都是各领域重要而广泛的研究主题，大量关于评价方法的研究也已得到应用。在风险分析领域，应用最为广泛的评价方法包括层次分析法、网络分析法、启发式方法和数据包络分析法等传统分析方法，与上述传统分析方法不同，风险矩阵提供了一种多维度的风险分析方法。

作为一种风险可视化的工具，风险矩阵图可以在风险评估中将危险发生的可能性和伤害的严重性可视化，即风险矩阵图可将各类抽象的风险展示在图表上。在日常生活和生产中，风险无处不在，如出门旅行，选择开车上高速具有风险，选择坐火车同样具有风险，那么二者的大小、发生概率、带来的后果如何进行评判？本书提出的综合风险分析与应急评价方法，可以供不同的使用者在不同的情形下选择加法风险矩阵、减法风险矩阵、乘法风险矩阵、除法风险矩阵中的任何一种，甚至组合来进行风险评估。清晰地认识风险和及时采取措施同等重要，本书提出的风险矩阵的 4 种扩展形式可以成为沟通认识风险和应对风险的桥梁，通过对 X、Y 变量的细分，可以在象限内不同风险区域准确地辨识当前风险的严重程度，从而采取不同级别的应急措施，结合制定的应急预案，可以对展现在综合风险矩阵扩展形式上的不同风险采取相应的应急措施。

本书共分 10 章，主要介绍综合风险分析和应急评价的原理与应用。

第 1 章首先介绍风险的来历、性质、相关概念、构成要素、分类，然后阐述应急评价的核心、分类、维度、方法，最后对多维度风险分析与应急评价进行综述。

第 2 章从风险多维度的分析依据入手，构建完整的风险九度分析模型和改进的风险九度分析模型。同时，以博物馆风险管理为例，详细介绍风险多维度分析模型的应用方法。

第 3 章从风险矩阵的基本原则、基本要素和传统风险矩阵的构造三个方面对风险矩阵进行介绍，然后对风险结现象的产生进行分析，从而引出传统风险矩阵的 4 种扩展形式，并对这 4 种扩展形式进行概述。

第 4～7 章对风险矩阵的 4 种扩展形式，即加法风险矩阵、减法风险矩阵、乘法风险矩阵和除法风险矩阵进行深入讲解。首先建立各个风险矩阵扩展形式的数学模型，然后详细阐述各个扩展形式的应用流程，最后基于不同的案例给出不同风险矩阵扩展形式的应用和算例。

第 8 章为第 4～7 章的集大成者，本章基于校园风险管理和区域灾害风险评估，详细介绍综合风险分析方法的适用领域、应用方法、应用流程和独特优势。

第 9 章首先对应急管理事中评价进行概述，指出事中评价在应急管理全生命周期管理中的重要性，并介绍事中评价的三种方式；然后构建完整的应急管理事中评价分析框架、概念模型；最后从可减缓性、可救援性和可恢复性三个角度出发构建不同的应急管理事中评价模型。

第 10 章从三维的角度对风险进行评估，介绍模糊三维风险矩阵的构建和评估方法，提出 4 种不同的三维风险分析与应急评价模型，并从定性的角度选取不同的案例进行分析。

参与本书写作的人员均为从事应急管理的研究人员。陈安研究员、吴波鸿博士、李季梅和倪慧荟为本书的主要编写人员。现代应急管理课题组的陈璐博士、岳倩霞、张振宇和崔晶对本书的完稿也做出了贡献，在此一并表示感谢。同时，感谢中国科学院科技战略咨询研究院和北京市劳动保护研究所在本书前期研究与后期成书过程中给予的大力支持。最后还要感谢本书参考文献中的各位学者，他们深入细致的研究工作丰富了本书的研究基础。

理论来源于实践，最终又要应用于实践，综合风险分析方法与应急评价作为理论性和实践性兼备的分析工具，将会在实践中发挥应有的作用，敬请各位专家学者及应急管理从业者检验！囿于作者水平，书中疏漏之处在所难免，恳请各位专家和读者批评指正。

陈　安

2019 年 8 月于北京

目　　录

第 1 章

概论 ······ 1

1.1　风险 ······ 2

1.2　应急评价 ······ 11

1.3　多维度风险分析与应急评价 ······ 20

1.4　本章小结 ······ 21

第 2 章

风险多维度分析方法 ······ 22

2.1　风险多维度分析依据 ······ 22

2.2　风险九度分析模型构建 ······ 24

2.3　改进的风险九度分析模型 ······ 34

2.4　风险多维度分析模型在博物馆风险管理中的应用 ······ 41

2.5　本章小结 ······ 51

第 3 章

风险矩阵 ······ 53

3.1　风险矩阵概述 ······ 54

3.2 典型变异形式 ········ 60
3.3 风险结现象分析 ········ 64
3.4 传统风险矩阵的扩展 ········ 67
3.5 本章小结 ········ 71

第 4 章 加法风险矩阵 ········ 72
4.1 加法风险模型概况 ········ 72
4.2 加法风险矩阵扩展形式应用流程 ········ 77
4.3 加法风险矩阵应用 ········ 81
4.4 本章小结 ········ 91

第 5 章 减法风险矩阵 ········ 92
5.1 减法风险模型概况 ········ 92
5.2 减法风险矩阵扩展形式应用流程 ········ 94
5.3 减法风险矩阵应用 ········ 98
5.4 本章小结 ········ 104

第 6 章 乘法风险矩阵 ········ 105
6.1 乘法风险模型概况 ········ 105
6.2 乘法风险矩阵扩展形式应用流程 ········ 106
6.3 乘法风险矩阵应用 ········ 110
6.4 本章小结 ········ 122

第 7 章 除法风险矩阵 ········ 123
7.1 除法风险模型概况 ········ 123

7.2 除法风险矩阵扩展形式应用流程 …… 125
7.3 除法风险矩阵应用 …… 129
7.4 本章小结 …… 136

第 8 章 综合风险分析方法应用 …… 137
8.1 综合风险分析方法概述 …… 137
8.2 综合风险分析在校园风险管理中的应用 …… 138
8.3 综合风险分析方法在区域灾害风险评估中的应用 …… 147
8.4 引入不确定性：综合风险分析方法数值模拟 …… 156
8.5 本章小结 …… 162

第 9 章 应急管理事中评价方法 …… 163
9.1 应急管理事中评价概述 …… 163
9.2 应急管理事中评价分析框架 …… 170
9.3 应急管理事中评价概念模型 …… 175
9.4 本章小结 …… 183

第 10 章 三维风险分析与应急评价 …… 184
10.1 三维 …… 184
10.2 模糊三维风险矩阵 …… 186
10.3 三维风险分析与应急评价模型 …… 190
10.4 本章小结 …… 202

参考文献 …… 203

第1章 概　　论

日常生活中存在很多风险，有的看得见，有的看不见。“风险”一词意味着不安、不确定性和损失，用来指代遭受伤害、损失、不利后果甚至是毁灭的可能性。通俗地说，风险是不幸事件发生的概率(张琦，2012)。这一概念由两个核心因素组成：发生特定危险的可能性及其后果。

例如，企业在实现目标的经营活动中，首先以目标为先导，据此制定出以目标为中心的促成目标达成的实现路径，即战略规划。完整的战略规划包括不同时段的行动步骤，而在各个行动步骤中又包含多个方案，自然就形成了不同时段与不同方案的组合。依照战略规划进行部署的阶段，不仅包括在不同时段的任务布置，还包括为完成该时段任务所必需的人、财、物的配给。然而在实际的经营活动过程中，会遇到各种大大小小的不确定性事件，进而在不同程度上影响目标的实现程度，甚至会直接影响战略规划的进度及完成情况，这种影响企业目标实现的各种不确定性因素就是风险(胡舜，2006)。

简单来说，风险是在特定事件和一定的环境背景下，人们的预期目标和实际结果之间的差异。

1.1 风　　险

1.1.1 风险的来历

何为风险？一种说法由来已久，远古时期的渔民每次出海前都要祈求神灵，保佑自己能够平安归来。其中主要的祈祷内容就是让神灵保佑自己在出海时能够风平浪静、满载而归(宋文亮，2010)。他们在长期的捕捞实践中，深深地体会到“风”给他们带来的无法确定的危险。他们认为，在出海捕捞生活中，“风”意味着“险”，因此便有了风险一词(李德峰，2012)。

另一种说法则是多位学者论证过的风险的“源出说”。风险一词作为舶来品，权威的说法是来源于意大利语“risque”。早期的风险也被理解为客观的危险，体现为自然现象或者航海遇到礁石、风暴等事件。19 世纪前后，在英文的使用中，风险一词常常参照法文拼写，主要用在与保险有关的事情上(聂洁，2008)。

到了现代，风险是一个使用非常宽泛的词语，其含义已变成遇到破坏或损失的机会或危险(王博，2011)，这大大超越了“遇到危险”的狭义内涵。风险一词经过多年的演进越来越被概念化，并被赋予了从哲学、经济学、社会学、统计学到文化艺术领域更广泛、更深层次的含义，且与人类的决策和行为后果紧密相连，同时也成为人们生活中的高频词汇(袁帅，2011)。

美国学者威利特(Willet)首先指出了风险的客观性和其本质的不确定性，并认为风险是主体不愿发生的事件发生的不确定性的客观体现(张志，2006)。随后，奈特(Knight)在《风险、不确定性和利润》一书中将风险与不确定性做了明确区分，指出风险是可用概率测定的不确定性，而不确定性的概率是不可测定的(吕宁，2015)。类似的定义还有很多。其实，无论风险的概念如何定义，基本都离不开两个核心要素，即不确定性及相关的后果。

根据后果性质的不同，可将风险分为不同类型。有学者将风险分为纯粹风险和投机风险，并指出纯粹风险中只存在损失机会而不存在获利机会，如责任风险、人身风险、财产风险、因他人过失而造成的风险等(柯王俊，2006)。与此相对地，投机风险则可能对应潜在的获利。在现实生活中，经济和金融领域的风险通常多指投机风险。美国学者、诺贝尔经济学奖获得者马科维茨(Markowitz)和夏普(Sharpe)等将证券投资的风险定义为一种证券资产的各种收益率的可能变动程度，并用收益率的方差来度量证券投资的风险，通过量化风险的概念改变投资者对投资风险的认识(姜纬和黄亚钧，1994)。由于方差计算的方便性，该定义得到了广泛的认同，几乎成为投机风险的标准定义。

但无论如何定义，风险的核心含义仍是未来结果的不确定性或损失。进一步地，可将风险定义为个人和群体在未来遇到伤害的可能性以及对这种可能性的判断与认知(臧麟翔，2009)。在风险来临时，如果采取有效的防范措施进行规避，那么风险也可能带来机遇，有时风险越大，回报越高，机会也就越大(孙宗影，2008)。

1.1.2 风险的性质

(1)客观性

风险的客观性是指风险是客观存在的，不以人的意志为转移，整体上是不可消除的(唐桂程，2008)。例如，自然灾害(如地震、海啸、暴风等)发生的风险是难以准确预料的，也是无力阻止的。

(2)普遍性

风险的普遍性是指风险存在于人类社会的方方面面，随时随地都可能发生风险，绝无零风险的存在。例如，走在马路上有遇到车祸的风险，在工作中有被老板“炒鱿鱼”的风险，即便吃鱼也有被鱼刺卡住的风险。所有人都要进行日常生活和工作，因此风险普遍存在于每个人的周围。

(3)必然性

风险客观存在，其产生存在必然性(黄芳和徐川，2010)。人类的生产生活对大自然造成的伤害必然会导致自然灾害的产生,如雾霾天气的频繁出现。

(4)可识别性

风险的诸多性质决定了风险的发生往往存在一些先兆现象，使得其具有一定的可识别性。例如，企业在生产过程中，物料的不安全状态或人员的不安全行为都是典型的先兆现象。风险识别意味着在风险事故发生之前，管理者能够运用各种技术和方法对潜在的及已经存在的各种风险进行系统归类，总结出生产面临的风险，并分析风险事故发生的潜在原因(周晓冬等，2010)。

(5)可控性

无论是在生活中，还是在工作中，只有充分识别风险，才能有效地控制风险(郭鹏，2009)。随着现代技术的发展，人们不再只是依靠自身的经验对风险进行控制，而是更多地依赖科学技术进行风险管理。严格来讲，由于风险事件的性质不同，风险的可控性存在大小之分。

(6)损失性

任何风险都可能会带来损失，区别是损失的大小不同。依据事件类型的不同，风险可能会带来经济、人员生命和健康上的损失，也可能会造成环境破坏和社会动荡等更大范围的损失。

(7)不确定性

风险随时随地在不断变化着，风险事件发生的地点、时间、概率、损失的大小和范围等都是无法确定的，也是一直在变化着的。从总体上看，有些风险是必然发生的，但何时何地发生是不确定的(王稳等，2009)。例如，死亡是必然发生的，这是自然规律。但是具体到某一个人何时何地死亡，又是不可能完全确定的。

(8)社会性

风险的后果与人类社会的相关性决定了风险的社会性(杨文晓，2009；铁永波和唐川，2010)。风险对社会制度、经济发展、技术进步、人的观念等都有无法估量的影响。

(9)发展性

在人类社会的不同阶段，风险的种类在不断发生变化，并且随着时代的发展相应发生、发展和消亡。例如，某些传统风险(如传染病疫情)可能会随着特效疫苗的发明而消失。与此同时，随着人类社会的发展和进步，新风险会随之出现，如环境污染、核辐射等(刘景凯，2010)。

1.1.3 风险的相关概念

与风险相关的词汇有很多，那么，和我们息息相关的有哪些呢？在此介绍以下六个主要概念。

1)风险因素：能影响损失概率和损失程度的条件或状态，不仅是风险发生的潜在原因，而且是造成损失的内在原因或间接原因(高波，2014)。

2)风险事件：是指造成一定损失的偶发性事件，是造成损失的外在原因或直接原因，如飓风、暴雨、地震等。

3)损失：具有非故意性，且非计划的和非预期的价值减少，包括有形损失和无形损失，如人员伤亡、财产减少等(高波，2014)。

4)风险管理：是一个识别、确定和度量风险，并制定、选择和实施风险处理方案的过程(王泽玉，2009)。

5)风险管理过程：包括风险的识别、评价、对策和决策研究、实施决策方法、检查五方面的内容(丛振华，2010)。

6)风险管理目标：在风险事件发生前，其首要目标是使潜在损失最小；在风险事件发生后，其首要目标是使实际损失降低到最低程度(陈宝婷等，2012)。

1.1.4 风险的构成要素

1. 风险因素

风险因素是指促使某一特定风险事故发生或增加其发生的可能性或扩大其损失程度的原因和条件(王雪梅，2002)。例如，对于建筑物而言，风险因素是指劣质建筑材料和结构缺陷等；对于人而言，风险因素是指恶劣健康状况和高龄等。

根据性质的不同，可将风险因素分为有形风险因素和无形风险因素(许新源和李怀泽，2007)。

(1)有形风险因素

有形风险因素也被称为实质风险因素，是指事物本身具有的风险因素，如人的身体状况或建筑材料的质量等。大自然中的地壳异常变化、极端气候、瘟疫等都属于有形风险因素，其中有的因素可以在一定程度上加以控制，有的因素在一定时期内还是无能为力。

(2)无形风险因素

无形风险因素是与人的心理或行为有关的风险因素，通常包括道德风险因素和心理风险因素(罗慧等，2005)。

道德风险因素是关于品德修养的无形因素，即人们由于自身的不正直、不诚实或图谋不轨，故意促使风险事故的发生，以致引起财产损失和人身伤亡。例如，投保人或被保险人的欺诈、纵火行为等都属于道德风险因素(郭勇，2007)。

心理风险因素是关于人心理状态的无形因素，即人的疏忽或过失以及主观上的不关心、不注意或心存侥幸，以致增加风险事故发生的机会和加大损失的严重性的因素(谭鉴楚，2004)。例如，开车时往往容易忽略接听电话带来的事故风险、吸烟后随意抛弃烟蒂等的心理或行为，都属于心理风险因素。

道德风险因素和心理风险因素均与人密切相关，因此这两类风险因素合称为人为风险因素(顾婧等，2013)。

2. 风险事故

风险事故也被称为风险事件或突发事件，是指造成生命或财产损失的偶发性事件，既是损失的直接原因或外在原因，也是损失的媒介。也就是说，只有通过风险事故的发生才能导致损失的出现。

就某一具体事件而言，如果事件的发生直接造成了损失，那么它就是风险事故；而如果是造成损失的间接原因，它便成为风险因素。例如，冰雹导致路滑，因而发生车祸并造成生命财产损失，这时冰雹为风险因素；冰雹直接击伤行人，这时冰雹为风险事故。

3. 损失

在风险管理中，损失是指非故意的、非预期的、非计划的经济价值的减少(陶士贵，1998)，可分为直接损失和间接损失。直接损失是指风险事故导致的财产本身损失和人身伤害，这类损失又称为实质损失；间接损失是指由直接损失引起的其他损失，包括事件处置费用、赔偿费用、环境恢复成本、工效损失、商誉损失等。在风险管理中，通常将损失分为实质损失、额外费用损失、收入损失和责任损失(姚庆海，2006)。

风险是由风险因素、突发事件、损失三者构成的统一体(刘洋，2014)，三者的关系如图 1-1 所示。

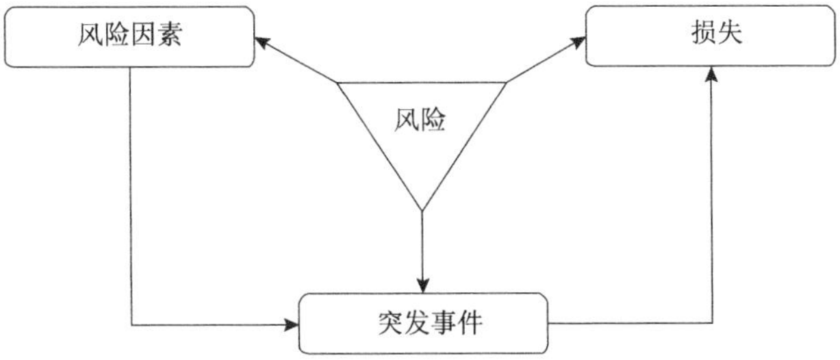

图 1-1　风险三要素

由图 1-1 可知，风险因素、风险事故、损失三者共同构成风险统一体。其中，风险因素引起或增加风险事故；风险事故的发生可能造成损失(陈安等，2009)。

4. 风险频率与风险程度

风险频率又称损失频率，是指一定数量的标的，在确定的时间内发生事故的次数；风险程度又称损失程度，是指每发生一次事故导致标的的毁损状况，即毁损价值占被毁损标的全部价值的比重(全香兰，2009)。

1.1.5 风险的分类

1. 按照性质划分

根据性质的不同，可将风险分为纯粹风险和投机风险。

1)纯粹风险：是指只存在损失机会而不存在获利可能的风险。例如，房屋所有者面临的建筑火灾风险、汽车主人面临的交通事故风险等，当火灾、车祸发生时，便会出现经济利益上的损失(顾德敏，1995)。

2)投机风险：相对纯粹风险而言，投机风险是一种既有损失机会又有获利可能的风险。其后果一般有三种：一是无损失；二是有损失；三是盈利。例如，在股票市场上，买卖股票存在赚钱、赔钱、不赔不赚三种后果，因而属于投机风险(谭雪飞，1993)。

2. 按照标的划分

根据标的的不同，可将风险分为财产风险、人身风险、责任风险、信用风险。

1)财产风险：不仅包括导致一切有形财产的损毁、灭失或贬值的风险，而且包括经济的或金钱上损失的风险。例如，厂房、家具、成品、机器设备等可能遭受的火灾、地震、洪水等风险；再如，船舶在航行中，可能遭受的沉没、碰撞、搁浅等风险(李昊，2005)。财产损失通常可分为直接损失和间接损失。

2)人身风险：是指导致人的伤残、死亡、丧失劳动能力、增加医疗费用支出的风险。例如，人会因生、老、病、死等生理规律以及自然、政治、军事等因素而早逝、伤残、丧失工作能力或年老无依靠等。人身风险所致的损失一般包括收入能力损失和额外费用损失。

3)责任风险：是指个人或团体的疏忽或过失，导致他人生命财产遭受损失，依照法律、契约或道义应承担的民事法律责任的风险(周兴涛，2010)。

4)信用风险：是指在经济交往过程中，权利人与义务人之间，一方违约或违法致使另一方遭受经济损失的风险。例如，在进出口贸易中，出口方(或进口方)有可能因为进口方(或出口方)的不履约而遭受经济损失(任碧云，2003)。

3. 按照行为划分

根据行为的不同，可将风险分为特定风险和基本风险。

1)特定风险：是指与特定的人有因果关系的风险，即由特定的人引起的且损失仅涉及特定个人的风险。例如，火灾、爆炸、盗窃以及对他人财产损失或人身伤害所负的法律责任均属于特定风险(廖井霞，2013)。

2)基本风险：是指其损害波及社会的风险。基本风险的起因及影响与特定的人无关，至少是个人力量不能阻止的。与社会、政治有关的风险以及与自然灾害有关的风险都属于基本风险，如地震、洪水、海啸、经济大萧条等(刘炳君，2016)。

4. 按照产生环境划分

根据产生环境的不同，可将风险分为静态风险和动态风险。

1）静态风险：是指在社会经济正常运行情况下，由自然力的不规则变化或人的过失行为所致损失的风险。例如，雷电、地震、霜害、暴风雨等自然原因所致的损失或损害，以及火灾、爆炸、意外伤害事故所致的损失等（甘培忠和彭运朋，2014）。

2）动态风险：是指政治、经济、技术和组织等发生变化所致损失的风险。例如，资本增加、人口增长、生产技术改进、消费者偏好变化等。

5. 按照产生原因划分

根据产生原因的不同，可将风险分为自然风险、社会风险、政治风险、经济风险、技术风险。

1）自然风险：是指自然力的不规则变化致使社会生产和社会生活等遭受威胁的风险（罗宾汉，2005），如地震、风灾、火灾、各种瘟疫等。自然风险的特征包括自然风险存在的周期性、自然风险形成的不可控性、自然风险事故引起后果的共沾性。后果的共沾性是指风险一旦发生，其涉及的对象往往很广泛。

2）社会风险：是指个人或团体的行为（包括过失行为、不当行为、故意行为）或者不行为致使社会生产和人们的生活遭受损失的风险。例如，抢劫、盗窃、蓄意破坏等行为风险，以及玩忽职守等不行为风险，都可能对他人生命财产造成伤害。

3）政治风险：是指在对外投资和贸易过程中，由于政治原因或签订合同的双方不能控制的原因，债权人可能遭受损失的风险（赵源，2006）。例如，因进口国发生战争、内乱而中止货物进口，或进口国实施进口或外汇管制等。

4）经济风险：是指在经营活动中受到市场供求关系、经济贸易条件等因素变化的影响或经营者对前景预期出现偏差而导致决策错误等，造成经营失败的风险（刘妍，2013）。例如，企业生产规模的增减、价格的涨落和经营的盈亏等。

5) 技术风险：是指伴随着科技发展、生产方式转变而产生的威胁人们生产与生活的风险，如核辐射、空气污染、噪声等。

1.2 应急评价

一般认为，风险管理是在事件尚未发生之前、损失尚未造成之前对可能会带来损失的因素进行分析与防控，而应急管理则是为减少突发事件的危害，在对突发事件的成因、发生和发展及其负面影响进行科学分析的基础上，有效整合各方面的社会资源，通过现代管理方法和现代应急技术，有效地监测、应对、控制和处理突发事件。

1.2.1 应急评价的核心

应急评价的核心问题是确定评价领域和评价对象，即回答“何处需要评价”和“应该评价什么”的问题。评价领域和评价对象是紧密联系、不可分割的。在评价领域上，根据灾害的发生是否由人为因素主导，可分为自然领域和社会领域。在评价对象上，根据应急管理参与者的不同，可分为突发事件、承灾体和应急主体。评价领域和评价对象二者共同构成了应急评价的内容。

1. 评价领域

(1) 自然领域

自然领域的应急评价研究主要围绕自然灾害开展。自然灾害是指在自然界发生的，由自然事物非正常变化造成的人员伤亡、财产损失等一系列扰乱人类正常生活生产秩序的现象或事件。自然现象成灾需具备以下两个条件：一是主体诱因，一般是自然事物的非正常变化；二是客体损失，主要是指人员、财产、社会秩序等客体遭受损失。目前，对自然灾害的评价研究主要集中在地震灾害、地质灾害、旱涝灾害、台风灾害等。这些灾害可能单一发生，也可能相互耦合形成新的灾害。

自然灾害应急评价主要包括风险评价、脆弱性评价和能力评价。自然灾害风险评价和风险区划是国际灾害风险领域的前沿与热点问题，使用遥感技术和地理信息系统获取灾害预警信息的风险评估模式逐渐代替了以往基于历史受灾数据的资料分析。脆弱性评价用于衡量承灾体容易遭受灾害破坏的程度。能力评价主要集中在以下两个方面：一是研究承灾体固有的抵抗、防御、减轻灾害能力；二是评价自然灾害的应对能力，如准备能力、响应能力、资源保障能力等。也有学者提出，面对自然灾害的应对能力和应急恢复能力也是脆弱性评价的组成部分。

(2)社会领域

发生在社会领域的突发事件通常由人为因素主导，如生产事故、环境污染事件、公共卫生事件、社会安全事件等。这些事件主要由人为因素引起，因此发生的数量较多、频率较高，分布范围较广，且造成的影响比自然灾害复杂得多。因此，社会领域的应急评价具有以下几个特点：①风险评价侧重于突发事件的预防；②重视城市应急管理能力；③关注交通运输的通畅和正常运转能力。

突发事件的预防属于事前阶段，如果将应急管理过程划分为减缓、准备、响应和恢复四个阶段，那么减缓属于事前阶段。近年来，一些研究集中于特定行业的灾害风险评估，并给出了一些识别和减缓潜在可持续风险的策略。

政府是突发事件应急管理的主体，政府的应急能力包括监测预警能力、社会控制能力、政府反应能力、公众反应能力、紧急求援能力、资源保障能力等，是社会领域应急评价的重点。

稳定可靠的交通系统保障对于突发事件发生后的人员疏散、救援、物资运输至关重要。在突发事件的不同时期，对公路、铁路交通运输能力的要求，以及对机场、火车站、汽车站等交通枢纽组织能力的要求是应急评价的核心。不仅需要评价组成交通网络的各点、线的应急能力，还需要模拟交通场景可能出现的各种突发事件及其影响。

2. 评价对象

(1) 突发事件

突发事件评价可以在事件发生前或事件发生后进行。在事件发生前，评价突发事件发生的可能性和严重性。这种评价突出更好地为灾难性突发事件的发生做好准备，并尽量减少潜在的损失。在事件发生后，评价突发事件的发展和演化，包括突发事件的发展趋势、被控制或减缓的程度、次生灾害发生的可能性、和其他因素耦合的程度。突发事件评价并不是一个简单的评价，而是对一个时期内在某个地区发生的多种事件的多个属性的整体评价。对突发事件的有效评价非常重要，它可以帮助应急管理者对突发事件的发生、发展和演化做出合理的判断，进而在不同时期采取不同的行动。

(2) 承灾体

突发事件的承灾体主要是以人为主的各种系统。面向承灾体的评价不仅包括突发事件发生前的脆弱性评价，还包括突发事件发生后的可恢复性评价、可挽救性评价、损失评价、心理损伤评价。它既可以是对单个受影响对象的简单评价，也可以是对某个地区或系统的所有受影响对象的综合评价。评价的具体对象从自然环境，到人口、社区、交通、城市，不一而足。面向对象的评价可以帮助管理者了解对象是如何被突发事件破坏的，如何保护对象来抵抗突发事件，受影响对象是否值得去救，以及受影响对象在多大程度上可以恢复。

(3) 应急主体

应急主体可以是负责突发事件应急响应的组织和主体人。组织包括政府组织(中央和地方政府、军队等)和非政府组织(慈善机构、志愿者组织、企业和媒体等)。主体人包括政府和非政府组织人员及公众。有些应急主体可能同时是突发事件的承灾体，但应急主体的意义不只在于被动应灾，还在于能够主动地通过预防预控与积极准备，主动抗击灾害。因此，对应急主体的能力评价较多，不仅包括应急准备能力、预警能力、救援能力、恢复能力等衡量某一时期内应急主体的综合能力，还包括风险沟通能力、应急决策能力等具体能力。

1.2.2 应急评价的分类

在事态发展的不同时期，应急评价具有不同的特点，高危期、应对期、应对结束后应急评价的目的和对象都不相同。评价目的不同，评价的内容、评价方法也会不同。为了做好应急评价首先要确定应急评价的属性和类型。根据阶段的不同，可将一个突发事件的全生命周期分为事前阶段、事中阶段、事后阶段，相应三个阶段的评价分别为事前评价、事中评价、事后评价(图 1-2)。

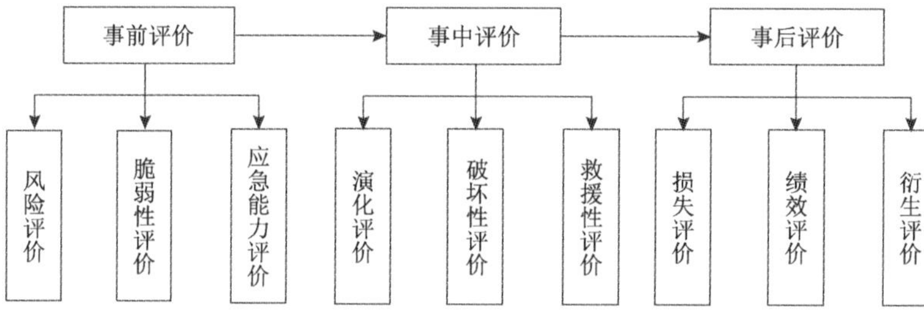

图 1-2 应急评价的分类

三个应急评价阶段的目的各不相同，事前评价以预防为主，根据对风险、脆弱性、应急能力的评价，提前采取方法措施。事中评价以救援为目的，一切工作都围绕救援展开，对事件演化趋势、承灾体受破坏程度、救援措施的有效性进行评价，为救援服务。事后评价更多的是为了奖惩和补偿，对损失、绩效和衍生风险进行评价(马建华，2011)。

1. 事前评价

事前评价主要针对高危期，其和安全评价都是针对可能情况的评价，均是以预防为目的的评价。但事前评价所面临的事态更具体，针对性更强，评价内容的重点与安全评价有所不同。根据评价对象的不同，可将事前评价分为风险评价、脆弱性评价、应急能力评价。

(1)风险评价

风险评价是指在突发事件发生前，针对突发事件发生的可能性与破坏的严重性进行的评价。风险评价的对象主要是突发事件，同时也会考虑对突发事件发展有重大影响的环境因素的风险。风险评价与安全期的风险评价存在类似之处，都是在事件发生前对可能性和破坏性的评价，但二者也存在差异。在安全期，事件发生概率较小，风险评价注重发生可能性的估判；在高危期，事件发生的概率很大，或者说几乎必然发生，此时的风险评价更注重发生时间、影响范围、影响程度等。风险评价的目的是在突发事件发生前采取预防措施，延缓突发事件发生的时间、减轻突发事件发生的烈度，或者增强承灾体的抗破坏能力。

(2)脆弱性评价

承灾体脆弱性是指灾害一旦发生时承灾体可能造成的损失，它反映了区域对于灾害损失的敏感程度。脆弱性评价也称易损性评价，是对承灾体承受突发事件破坏影响能力的评价，其对象为承灾体。在应急管理中，脆弱性评价的目的是查找薄弱环节，通过临时措施增强承灾体对突发事件影响的承受能力，评价内容主要为系统可靠性、可持续时间等。在安全管理中，脆弱性评价主要是从系统设计的角度研究脆弱性，目的是增强系统的可靠性。

(3)应急能力评价

应急能力是指行为主体处理突发事件的能力，包括突发事件控制、人员搜救和安置等应急处置能力，其大小直接决定着应急工作的成败。应急能力的建设在安全期，应急能力建设的成果和效果往往体现在应用期，应急能力的作用发挥在应急期。应急情景具有不可预测性，因此需求的不确定给应急能力建设带来了很大困难。

应急能力评价是指对系统处置突发事件能力的评价。对现有应急能力的评价是在安全期应急能力建设中的评价，对应急能力适应性的评价是在应急期应急调度中的评价，两者评价的重点不同。安全期应急能力评价是能力水平的静态的综合评价，针对性不强，主要针对一般事件的评价；应急期应急能力评价是能力相对需求的对比评价，针对性很强，需求非常明确。

2. 事中评价

事中评价的目的是救援，因此所有评价都要有利于开展救援工作。事中评价包括演化评价、破坏性评价、救援性评价（马建华，2011）。

(1)演化评价

突发事件发生后有一个发展、演变和终结的过程，为了做好应急管理，必须对突发事件的发展变化具有预见性，也就是对可能发生的变化做出预判。演化评价就是对突发事件发展趋势和演变规律的评价，包括突发事件的影响范围和强度、次生灾害的风险、应急行为对事件的影响等方面的评价。演化评价一般由专业人士根据不同事件的发展规律做出判断，一般很难做出一个精确的定量评价，常采取专家会商方式给出一个基本的判断。

(2)破坏性评价

破坏性主要是指突发事件对承灾体的影响范围和破坏性。破坏性评价主要是指在应急处置开始前或进行中，对突发事件对承灾体破坏的影响范围和严重性进行的评价。破坏性评价的目的是判断承灾体的状态、确定救援资源的投放方向，由于救援过程时间紧迫且存在很大的不确定性，很难对破坏性做精确评价，所以破坏性评价是一个大尺度的快速评价（马建华，2011）。

(3) 救援性评价

救援性评价主要是针对是否可救援以及救援的先后顺序进行的评价和判断，是基于演化评价和破坏性评价做出的判断。救援性评价主要考虑评价对象是否具有救援成功的可能、有没有施救的必要、现有能力能否成功实施救援。救援性评价的目的是确定救援工作的方向，将有限的资源用到最有用的地方。

3. 事后评价

相对事中评价，事后评价的紧迫性降低，信息的不确定性和情况的多变性也减弱，其目的主要在于评估损失、评价应急管理工作效果、总结经验教训。事后评价主要包括损失评价、绩效评价和衍生评价。

(1) 损失评价

损失评价主要考虑突发事件对承灾体的直接破坏和影响造成的价值减少，评价内容包括损失的数量、系统残余功能、恢复工作难度等。损失评价的目的如下：一是对突发事件带来的损失给予补偿和补助，补偿主要是针对应急管理工作带来的损失，如征用资源等，补助则是针对突发事件本身带来的损失。补偿有明确的责任主体，而补助没有明确的责任主体，是出于社会福利和慈善的意愿。二是恢复和重建，确定哪些可利用，哪些经过简单修复可利用，哪些需要遗弃重建。

(2) 绩效评价

绩效评价是指对应急管理工作效果的评价，应急管理工作主要由政府部门负责，因而绩效评价的重点在于政府部门。对政府部门进行绩效评价的目的如下：一是改善政府部门的应急管理能力，减少突发事件造成的人员伤害和财产损失；二是奖优罚劣，提高政府工作人员参与应急管理工作的积极性。政府部门应急管理追求对突发事件的快速反应，从而尽可能地减少人员伤害和财产损失。同时，由于应急情景复杂，不同工作的环境差异较大，不同个体的工作绩效可比性不强，给绩效评价带来了很大困难。

(3)衍生评价

衍生评价主要是针对应急管理结束后，事件后续演变风险的评价。可以说，衍生评价就是事后的风险评价，可以看成演化评价的延伸。衍生评价与事中的演化评价不尽相同，事中的演化评价时间跨度较短且紧急性较高。但是，衍生事件可能要等到应急管理结束后相当长一段时间才会发生，如地震的余震，因而衍生评价的时间跨度较长，紧急性有所降低。衍生评价与安全期的风险评价也不尽相同，安全期风险的动因是内生的，衍生风险的动因是外生的，其针对性更强。

1.2.3 应急评价的维度

评价一个对象可从不同的维度进行，如表 1-1 所示。例如，风险评估由突发事件发生的概率和损失的严重性组成。绩效评价可从应急响应的过程和结果两方面进行。同样地，受灾体的可恢复性评价可从可能性(成功行动的概率)和必要性(行动的经济和社会效益)两方面进行。多维度评价有利于从多个角度观察评价对象，以便更好地识别对象。

表 1-1 不同维度下应急评价的分类

维度	主要内容
参与者维度	“人、事件、资源、资金”和“人、技术、环境、管理”
组件维度	应急预案、应急平台、应急资金、应急系统、应急法规、应急响应队伍、应急响应资源、应急技术
属性维度	①受灾体：脆弱性、适应性、可恢复性；②应急主体：准备能力、响应能力、减缓能力、救援能力、恢复能力、协调能力；③突发事件：强度、持久性、破坏性
功能维度	行政责任与社会责任功能、事件响应与评估恢复功能、资源支持与技术保障功能、防御避难与救护援助功能

1) 参与者维度。根据内涵的不同，可将参与者分为“人、事件、资源、资金”和“人、技术、环境、管理”两个类别。前者将参与者分为四个不同的微观元件，每一个元件对突发事件的响应都具有自身的价值；后者是对参与者在宏观上的分类。

2) 组件维度。应急评价包括应急预案、应急平台、应急资金、应急系统、应急法规、应急响应队伍、应急响应资源、应急技术等，可以将应急管理中的这些不同要素作为评价维度。

3) 属性维度。例如，将受灾体的脆弱性、适应性、可恢复性作为评价维度；将应急主体的准备能力、响应能力、减缓能力、救援能力、恢复能力、协调能力作为评价维度；将突发事件的强度、持久性、破坏性作为评价维度。

4) 功能维度。应急系统通常具有行政责任与社会责任功能、事件响应与评估恢复功能、资源支持与技术保障功能、防御避难与救护援助功能。

1.2.4　应急评价的方法

由于对突发事件的了解不够全面，应急评价所需的信息具有模糊性和不确定性的特点。囿于个人经验的不同及其局限性，如何客观准确地评判这些信息成为影响应急评价准确度和精度的一大难题。为提高评价的科学性和客观性，在应急评价实践中往往采用定性描述和定量分析相结合的方法，同时借鉴专家评判与各种数学模型或算法。主要方法具体介绍如下。

1. 多属性群决策

由于专家的能力所限和偏好不同，有的专家可能会给出不完全偏好信息或残缺信息，而群决策方法在决策过程中综合考虑多位专家的经验，对专家给出的信息利用残缺判断矩阵进行集结求解或利用加权欧氏距离修正不同决策的权重，这样做可以在一定程度上解决群体决策矩阵中的属性优先级问题。

2. 层次分析法和网络分析法

20世纪70年代，美国运筹学家托马斯·萨蒂(Thomas L. Saaty)教授提出了层次分析法(analytic hierarchy process，AHP)，该方法使得复杂的决策问题条理化。层次分析法的层次结构图包括目标层、准则层、方案层，可通过比较的方法确定不同备选方案和准则的相对重要程度。

对于具有依赖和反馈信息的决策问题，网络分析法(analytic network process，ANP)可视为层次分析法的改进方法。网络分析法利用网络和子网囊括所有的因子与准则，同时允许簇内元素(内部依赖)和簇间元素(外部依赖)的沟通与反馈。

3. 数据包络分析法

作为一种线性和非参数的编程方法，数据包络分析法(data envelopment analysis，DEA)最初在经济学中被广泛用于测量多个决策单元的效率。在应急评价领域，数据包络分析法在应急物资配送、人力资源配置、应急控制效率等领域都得到了应用。汪爱娇(2011)将偏好信息和非期望指标引入数据包络分析模型，解决了数据包络分析法无法体现决策者偏好的问题。

1.3 多维度风险分析与应急评价

随着人类社会的发展与科技的变革，自然灾害、事故灾难、社会安全事件、公共卫生事件等各类突发事件日益凸显。基于风险的管控是贯彻“安全第一、预防为主、综合治理”方针和实现“关口前移，遏制重特大事故”的科学理论与方法保障。风险评价是风险管理的三大重要环节之一，其目的是在风险辨识的基础上对风险进行科学的定性或定量刻画，从而实现对风险程度的准确认知，最终以此指导风险的防控工作。

现有的风险分析方法与应急评价模型多以风险的基本定义为基础，主要着眼于产生损失和伤害的可能性、影响范围、严重性等，由此做出单一方面或综合方面的评价。这会使得评价结果在实践中的应用范围具有局限性，大幅降低了风险防控措施的系统完整性。因此，基于风险的可分级特性，为探索更多的风险特性及其管理应用价值，必须从更多的维度分析与评价风险，从而更加科学准确地描述风险蕴含与呈现的内在规律。更进一步地，多维度风险分析与评价结果能够为风险管控措施在适用性、针对性、有效性、科学性等方面的强化提供参考依据与决策支持。

1.4 本章小结

本章对风险的来历、性质、相关概念、构成因素进行了描述，详细阐述了应急评价中的四大问题，即应急评价的核心、应急评价的分类、应急评价的维度、应急评价的方法。同时，对多维度风险分析与应急评价进行了简明扼要的介绍。

第 2 章　风险多维度分析方法

本章基于风险管理理论、管理机制设计理论、风险评估理论、系统理论等，对风险的一般性特征规律进行总结归纳与科学分类，并在此基础上建立风险多维度分析模型——风险九度分析模型。通过对模型的概念界定、内涵解析、案例应用等，揭示风险九度分析模型的功能，厘清风险九度分析模型在对不同对象风险分析过程中的应用思路与方法逻辑，从而构建风险九度分析模型的应用方法与模式，同时以博物馆风险管理为例进行模型的应用与对策分析。

2.1　风险多维度分析依据

同一对象的同类风险，其客观程度具有可分级的差异性，据此可将其分为常态风险与非常态风险(林毓铭，2012)。常态风险主要是指在特定的时间和空间范围内，整体状态相对稳定、危害程度相对较低的一类风险，如一般灾害和较大灾害、一般事故和较大事故、一般隐患、危险源、常规作业等；非常态风险主要是指在不确定的时间和空间范围内，整体状态极其不稳定、危害程度巨大的一类风险，如重大灾害和特大灾害、重大事故和特大事故、重大隐患、重大危险源、高危作业等。常态风险与非常态风险在时间、空间、状态等方面存在显著差异。

基于管理机制设计理论中的三大类规制策略，即时间规制、空间规制、状态规制，对图 2-1 进行分析(陈安等，2008；陈安和武艳南，2011；戚桂杰等，2012)。

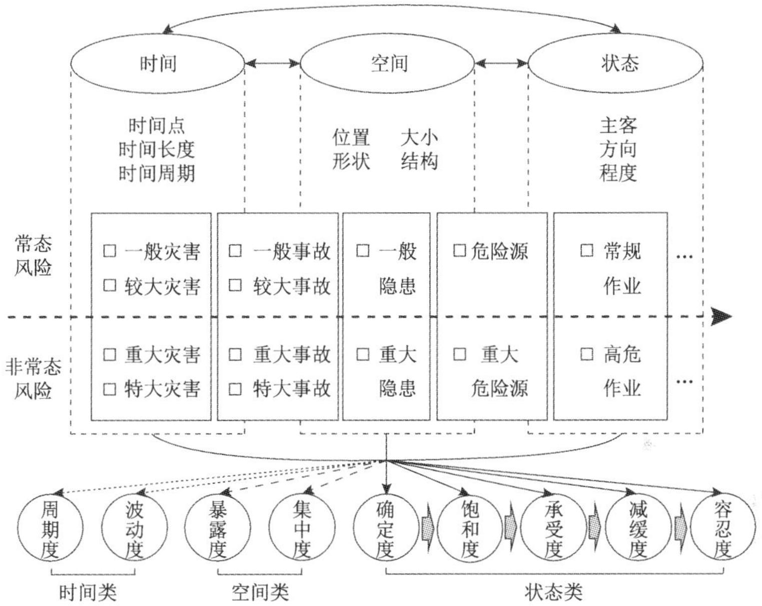

图 2-1　风险的多维度分析原理与风险九度特征

1) 在时间方面。常态风险具有相对稳定可观测的变化周期性。常态风险的周期度更加均匀，且波动度相对更加平稳；非常态风险发生频率低，且在发生间隔上没有固定可测的循环时长，因此难以进行预判，同时其风险水平的波动非常不平稳，与常态风险的一般水平存在较大差距。

2) 在空间方面。常态风险在地理位置分布上相对稳定，对于风险影响范围内的受体规模、分布状态等不具有显著影响；非常态风险存在大规模伤亡、经济损失与环境破坏的可能性，这些与风险影响范围内的受体规模、分布状态等具有密切的关联关系。

3）在状态方面。常态风险涉及的主体、受体、介质等在数量规模上相对较小，且风险影响的逻辑关系相对简单，这就意味着风险相关因素及其影响分析所需信息量较少。此外，常态风险的影响作用与程度较小，因此其风险的可控性较高，且受体具有较高的承受性与容忍性。

因此，从时间、空间、状态三个方面对风险的一般属性进行总结与归纳，可以得到以下九种维度：时间类的周期度、波动度，空间类的暴露度、集中度，以及状态类的确定度、饱和度、承受度、减缓度、容忍度。

2.2 风险九度分析模型构建

2.2.1 风险周期度模型

风险周期度是某一类风险的发生时间间隔的稳定程度，它是风险严重性与周期长度的综合体现。在同一观测时期内，如果某一风险的变化具有近似的周期性特征，那么可认为该风险具有时间上的周期性，其判断条件为

$$R(t+a) \approx R(t+b), a < b \tag{2-1}$$

式中，t 是时间轴的某一时间点；R 是某一时间点的风险值；$R(t+a)$ 是 $t+a$ 时刻的风险；$R(t+b)$ 是 $t+b$ 时刻的风险。

则其基本变化周期 T 可近似定义为

$$T \approx (b-a) \tag{2-2}$$

由此，风险周期度可定义为

$$R_{\text{Periodicity}}^{C} \sim T \tag{2-3}$$

式中，C 是指某一特定的后果严重性。

在某种特定事故或灾害的后果确定的情况下，一个观测时期内发生周期越短，风险周期度越低。这说明，特定程度风险事件的发生趋向无规律变化，在现有条件下人们无法有效掌控风险的发生机理，因此难以采取相应且适时的措施予以防控，风险也就越高。如图 2-2 所示，对比 R^{A} 和 R^{B} 两种风险，同在 T^0 到 T^* 的观测时期内，在近似的潜在后果程度下，可知 $R_{\text{Periodicity}}^{\mathrm{A}} < R_{\text{Periodicity}}^{\mathrm{B}}$。显然，$R^{\mathrm{A}}$ 的周期度高于 R^{B}，其波动的周期性规律更加明显，因此对其进行充分的判断与认知较为容易，而 R^{B} 没有特定的周期特征，因此较难开展时时上的预估分析，相应地其风险水平更高。

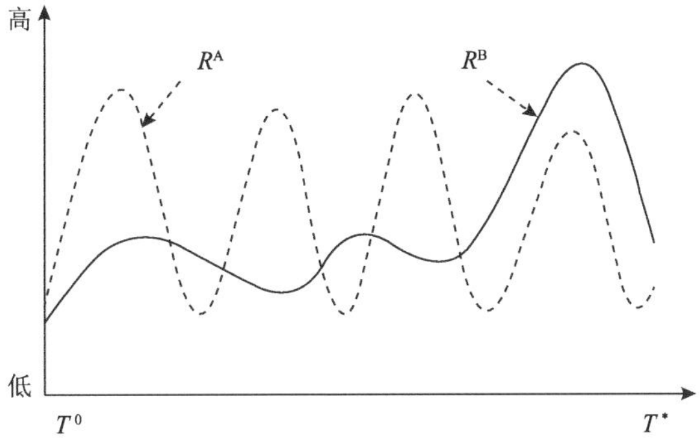

图 2-2　风险周期度模型原理

2.2.2　风险波动度模型

风险波动度是反映某个区域或专业领域内的风险在时间上的不均匀程度的指标。如图 2-3 所示，t^1、t^2、t^3、t^4、t^i 分别为间隔长度相同的特定时间点，尽管 A、B 区域在某个时间段内的综合风险水平相当，但 B 区域的风险集中于某个时间段内，A 区域的风险在时间上比较均匀，则 B 区域在某个时间段的风险水平波动更大，最高风险高于 A、B 区域的平均水平。根据短板效应理论，风险大小最终取决于特定时间范围内最严重的风险情况。因此，B 区域的风险高于 A 区域的风险。也就是说，风险波动度越大，风险越高。

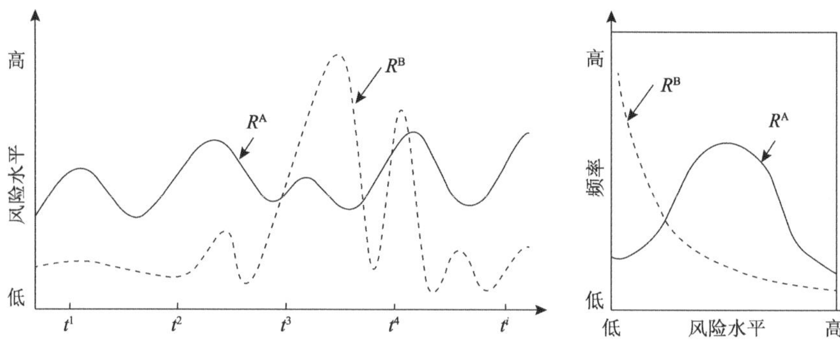

图 2-3　风险波动度模型原理

综上所述，可综合风险波动的时域频域特征和风险值离散情况两方面构建风险波动度数学模型。基于方差的计算公式，风险波动度可定义为

$$R_{\text{Fluctuation}}=\frac{1}{N}\sum_{t}^{N}\left[R^{k}(t)-\mu\right]^{2} \tag{2-4}$$

式中，N 是观测阶段的时间点总数；$R^{k}(t)$ 是第 k 个目标在 t 时刻的风险值；μ 是第 k 个目标范围中的风险均值。

2.2.3　风险暴露度模型

风险暴露度代表风险受体在风险面前的暴露程度，是基于风险受体分析方法计算的。风险暴露度通过暴露在风险下的受体对象所占范围面积与风险影响的总区域面积的比例来表示，如图 2-4 所示。当某种特定风险作用于某一特定区域时，该区域中暴露于风险下的风险受体对象有可能是多类型的，因此应利用各类受体对象暴露程度的平均水平表示综合性的风险暴露度。风险暴露度可定义为

$$R_{\text{Exposure}} = \frac{1}{k}\sum_{i=1}^{k}\frac{A_i}{A_0} \tag{2-5}$$

式中，k 是暴露于风险下的受体对象类型数量；A_0 是风险影响的总区域面积；A_i 是第 i 类暴露于风险下的受体对象所占范围面积。由式(2-5)可知，风险暴露度越高，受影响的受体对象越多，风险就越高。

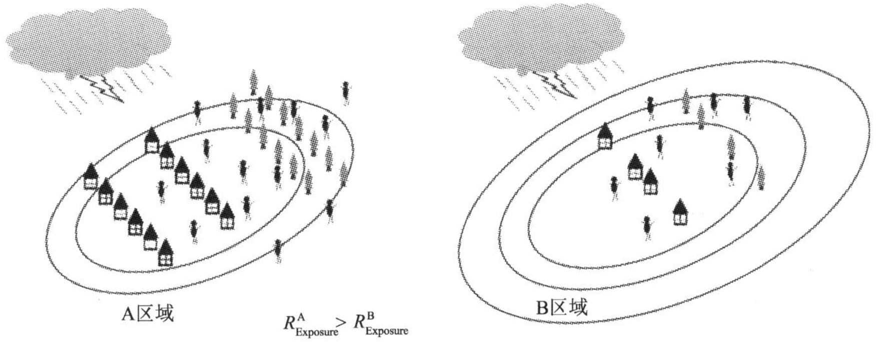

图 2-4　风险暴露度模型原理

2.2.4　风险集中度模型

风险集中度是反映某个区域或专业领域内的风险在空间上的不均匀程度的指标。如图 2-5 所示，假设 A、B 区域内的综合风险水平相当，但 A 区域的风险空间分布较均匀，B 区域的风险空间分布不均匀，说明 B 区域的风险较为分散，可以体现为风险本身的分布较为分散，也可以体现为风险受体较为分散。虽然，B 区域中各子区域的风险水平相对均匀，但从实际风险管控的角度来看，其工作量大于 A 区域。因此，B 区域的风险预控难度更大，

实际风险也更高。由此可知，风险集中度越低，风险越高。

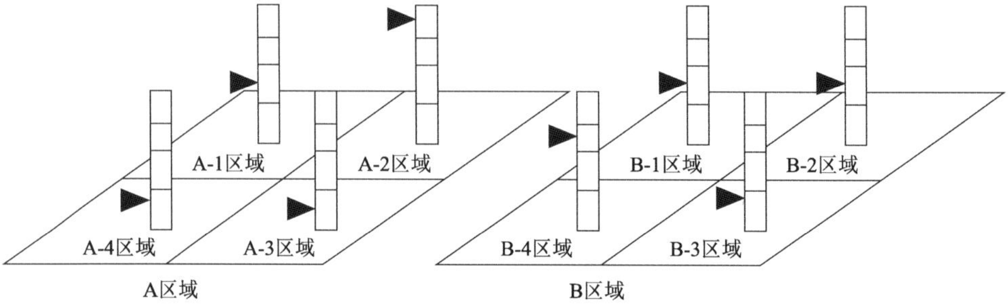

图 2-5 风险集中度模型原理

综上所述，可综合二维坐标和风险值离散情况两方面构建风险集中度的数学模型。基于方差的计算公式，风险集中度可定义为

$$R_{\text{Concentration}}=\frac{1}{M}\sum_{i}^{M}\left[R_i(x,y)-\mu\right]^2 \tag{2-6}$$

式中，M 是某区域中子区域的数量；$R_i(x,y)$是区域中第 i 个坐标为(x,y)的子区域风险值；μ是区域整体的风险均值。

2.2.5 风险确定度模型

尽管风险具有不确定性，但不同的风险在不确定性方面的表现不同。对某一类风险而言，其包含的各类信息都具有一定的不确定性，因此可以通过信息不确定性衡量该风险的确定度。例如，风险后果在某一时间和空间出现的可能性、预计造成特定后果损失量的可能性等，均可作为该风险信息不确定性的考量因素。这些因素信息的可能性越大，风险出现的概率就越高，风险的确定性就越大，进而风险相对越低。

根据信息不确定性函数的基本原理，即f是概率 P 的单调递减函数，两

个独立信息源产生的不确定性应等于各自不确定性之和，即

$$f(P_1,P_2)=f(P_1)+f(P_2) \tag{2-7}$$

式中，同时满足这两个条件的函数 f 是对数函数，即 $f(P)=\log\frac{1}{p}=-\log p$。

在风险信息源中需要考虑的通常不是某个单一信息要素发生的不确定性，而是该信息要素所有可能发生情况的平均不确定性。若信息源可分解为 n 种要素：$U_1,\cdots,U_i,\cdots,U_n$，相应的信息准确性则为 $P_1,\cdots,P_i,\cdots,P_n$，且各种要素的准确性彼此独立。此时，风险信息源的平均不确定性是单个要素不确定性 $-\log P_i$ 的统计平均值 E，也就是风险信息的熵，记作 $H(U)$，其表达式为

$$H(U)=E(-\log P_i)=-\sum_{i=1}^{n}P_i\log P_i \tag{2-8}$$

式中，对数一般取 2 为底，单位为比特，各要素的准确性须大于 0.35。

由此，风险确定度可定义为

$$R_{\text{Certainty}}=\frac{1}{1+H(U)} \tag{2-9}$$

由式(2-9)可知，风险信息的熵越大，全面认知风险所需要的信息量也就越大，风险不确定度也就越大，风险确定度就越小。风险确定度越小，意味着信息越匮乏，越不利于风险决策，风险就越高。对于确定度大和确定度小的风险，其对应的风险防控策略也有所不同。

2.2.6　风险饱和度模型

风险饱和度是指当某一特定的风险增加到特定值之后，就开始缓慢增加，最后趋于某个数值，该数值就是风险饱和度。风险饱和度可通过历史数

据判断，如将有史以来发生过的最为严重的一次事件的危险程度作为风险饱和度值，如图 2-6 所示。风险饱和度可定义为

$$R_{\text{Saturability}} = \max_{i}\left(R_{t^1}, R_{t^2}, \cdots, R_{t^i}\right) \tag{2-10}$$

式中，R_{t^i} 是历史全时间范围内每个时间点 t^i 上的风险水平。

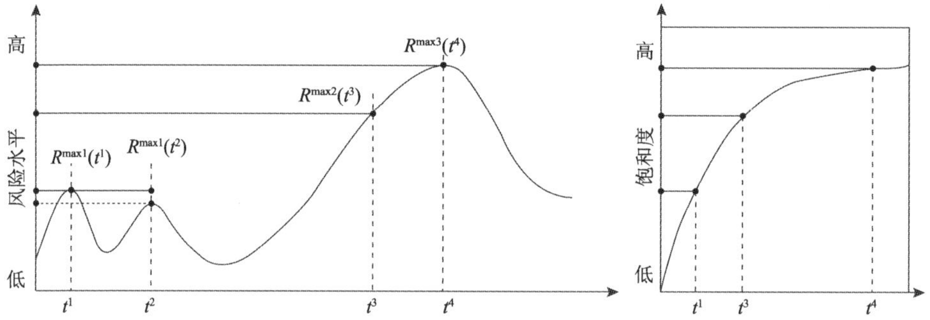

图 2-6　风险饱和度模型原理(一)

$R^{\max1}(t^1)$ 是历史全时间范围内每个时间点 t^i 上的第一个风险最大值，其他类同

因此，风险饱和度越高，风险越大。对风险饱和度的测定有利于识别与认清风险潜在的造成最坏结果的程度。由此，一方面可以进行单目标风险的控制措施强度研判；另一方面可以进行多目标风险的横向对比，从而进行风险管控的分级优化决策。

此外，若考虑经济、科技、文化等方面的变化发展与完善，以往风险饱和度水平在后续不会再次出现，则风险饱和度水平应该重新进行评估与测定。例如，可以通过设定有限的观测时间长度，对该时间段内的风险最大值与饱和度进行测量分析，如图 2-7 所示。风险饱和度可定义为

$$R_{\text{Saturability}} = \max_{i}\left(R_{t^1}, R_{t^2}, \cdots, R_{t^i}\right),\ t^i \in T^j \tag{2-11}$$

式中，R_{t^i} 是每个时间阶段 T^j 内每个时间点 t^i 上的风险水平。

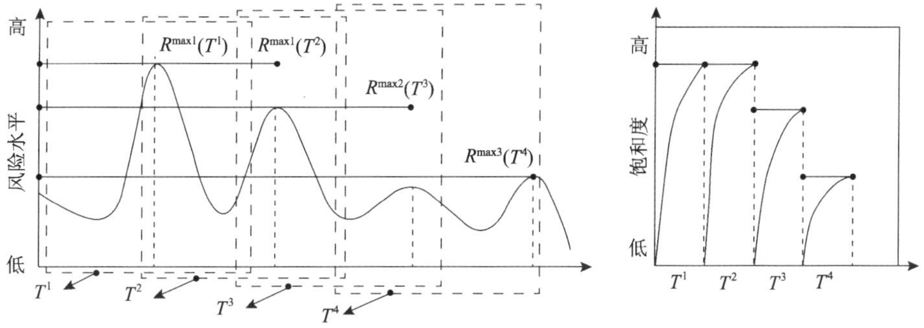

图 2-7　风险饱和度模型原理(二)

$R^{max1}(T^1)$ 是 T^1 时间阶段内的第一个风险最大值，其他类同

2.2.7　风险承受度模型

风险承受度是指个人(个体)或组织(整体)能够承担的风险限度，在这里特指某个区域不同主体的风险承受能力和水平。无论是个人(个体)，还是组织(整体)，其风险承受限度都是从受体对象的固有属性出发进行综合性判断。个人泛指风险影响下的各类人员，其承受风险的限度，通常体现在生理属性、心理属性、物质条件属性等方面；个体可一般地理解为除人以外的各类事物(如建筑、耕地、设备设施、海洋、湿地等)，其承受风险的限度主要受其固有风险抗性因素的影响(如建筑的抗震等级或防火等级)。组织则是个人在规模上的扩展，同时相伴的还有组织中各类管理因素及其状态，其风险承受的限度不仅需要考虑个人属性叠加，还需要考虑相关的制度因素、生产活动条件因素等；整体则是人员与事物的高度综合体，因此在衡量其风险承受度时，需要综合考虑各类主体的固有属性、关联属性等。

基于多主体-多属性的综合加权指数法，风险承受度可定义为

$$R_{\text{Resistance}}^{\text{个人(个体)}}=\sum_{i,p}\alpha_p r_i \tag{2-12}$$

式中，r_i 是个人(个体)的第 i 项影响可承受限度的属性水平；α_p 是与之相应

的权重系数。

$$R_{\text{Resistance}}^{\text{组织(整体)}} = \sum_{q} \beta_q \sum_{i,j,p} \alpha_p^j r_i^j \tag{2-13}$$

式中，r_i^j 是由 j 类个人(个体)构成的组织(整体)的第 i 项影响可承受限度的属性水平；α_p^j 是与之相应的权重系数；β_q 是第 j 类属性的相应权重系数。

由式(2-13)可知，当一种风险作用于特定区域时，风险承受度越低，风险越高，相应的组织(整体)的风险承受度越低，个人(个体)的风险承受度也越低。

2.2.8 风险减缓度模型

风险减缓度是指风险可被降低或减缓的程度，涵盖事前预防和事中救援两大过程。在事前预防过程中，假设没有采取措施之前事件发生的风险是 R_1，采取措施之后事件发生的风险是 R_2；在事中救援过程中，初始风险为 R_2，随着救援的开展到最终结束，其风险最终可能减控到的水平为 R_3，则风险减缓度可定义为

$$R_{\text{Mitigation}} = 2 - \frac{R_2}{R_1} - \frac{R_3}{R_2} = 2 - \frac{{R_2}^2 + R_1 R_3}{R_1 R_2} \tag{2-14}$$

由式(2-14)可知，$R_{\text{Mitigation}}$ 的最小取值趋近于 0，最大取值趋近于 1。$R_{\text{Mitigation}}$ 趋近于 0 意味着趋近于完全不可减缓，即采取任何措施都不能降低风险。$R_{\text{Mitigation}}$ 趋近于 1 意味着趋近于完全可减缓，即采取措施之后事件不可能发生或者事件发生后对承灾体无任何危害。当 $R_{\text{Mitigation}}$ 在 0～1 时，$R_{\text{Mitigation}}$ 越大，说明减缓措施越有效，风险可减缓性越强，风险越低。

2.2.9　风险容忍度模型

风险容忍度是指在风险目标的基础上设定的对预防或减灾救援过程中出现差异的可容忍限度，它是基于风险本身及风险防控主体的双主体维度分析。容忍度越低，说明一旦差异发生就会造成很大影响，即允许的失败指数越低，风险越高。

通常在对某一灾害或事故的预防或减灾救援过程中，人们对高风险控制减缓到低风险是有一定目标的。如图 2-8 所示，当前高风险的水平为 R^0，即风险控制的初始值；该风险的最大可减缓目标为 R^*_{max}，即风险控制可达到的最低风险水平；最低风险水平的实现需要巨大的防控成本投入，因此在风险初始值与最大值之间往往存在某个最合理可行的风险水平 R^*_{min}。当风险被控制在该水平以下时(图中 R^1 对应的风险水平)，既能够确保风险所承载的潜在威胁达到相对合理的可接受状态，又符合人们对防灾减灾工作存在客观失误或难以实现的可容忍水平。反之，风险的客观状态与人们主观可容忍水平均是无法接受的(图中 $R^{1'}$ 对应的风险水平)。

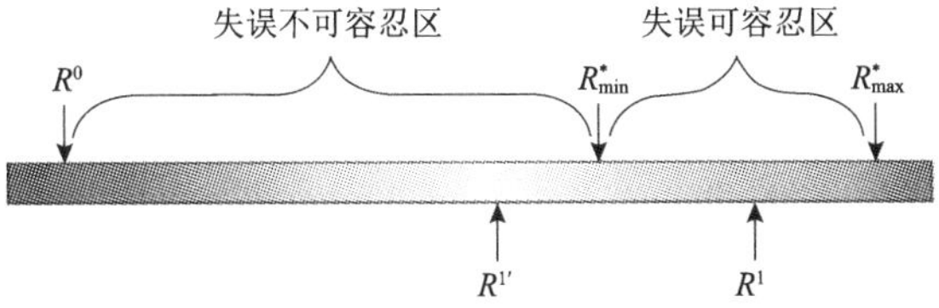

图 2-8　风险容忍度模型原理

由此，风险容忍度可定义为

$$R_{Tolerability} = \frac{R^*_{min} - R^*_{max}}{R^1 - R^*_{max}} \tag{2-15}$$

式中，$R_{Tolerability}$ 越大，可容忍程度越大，风险水平越低；反之，风险水平越高。

当 $R_{\text{Tolerability}}>1$ 时，风险为可容忍水平；当 $R_{\text{Tolerability}}<1$ 时，风险为不可容忍水平；当 $R_{\text{Tolerability}}=1$ 时，风险为最低可容忍水平。

2.3 改进的风险九度分析模型

风险九度分析模型为系统、全面地分析风险提供了一种科学可行的思路，具有理论和方法的创新性。由对各个风险度含义的详细分析和研究可知，风险九度分析模型在内涵准确性、覆盖全面性、测算可行性、结果支撑性等方面还存在进一步改进的可能。为了更符合风险的实际内涵和更方便地开展实际应用，在此对风险模型进行改进，提出改进的风险九度分析模型。

2.3.1 内涵准确性改进

(1)周期度含义改进

风险九度分析模型中的周期度以曾经该风险实际引发的事故损失值近似或相等为条件，分析一段观测时期内该类事故发生的周期性(简称事故后果周期度)。在实际生活中，某特定区域或单位内同一事故发生的频率一般不高，且有效的信息记录也因多种因素不够全面，因此同类事故重复出现的可能性较其他领域数据较低。根据偶然损失原则，风险引发的事件类型及损失严重性是随机且难以预测的，反复发生的同类事故也不一定有完全相同的结果，风险造成的事故损失值类似或相等的概率较低。因此，在实际生活中，以事故后果周期度分析风险的可行性不强。

此外，风险的一般定义为损失发生的可能性，综合考虑偶然损失原则，在分析风险的周期度时，更可行且合理的方式是侧重分析潜在风险载体价值近似前提下的风险致因出现的周期度(简称风险致因周期度)。因此，在进行风险评估时，在周期度模型中可以用风险致因周期度代替事故后果周期度进行分析。

(2) 暴露度含义改进

在风险九度分析模型中，暴露度是以受风险影响的各类受体对象所占范围面积与风险影响的总区域面积的比例的平均值来确定(简称受体面积暴露度)。但该方法存在两方面不足：一是缺乏对受体分布密度的考虑。以均在风险影响区域内的两地区为例，若一个区域的受体在空间上分布很集中，而另一个区域的受体分布很分散，则两个区域的风险暴露度水平差别较大。但在实际中，所有受体都在该风险的影响范围内时暴露度应是相等的，因此受体面积暴露度的衡量是不全面的。二是对风险评估而言，对损失价值的考量应是重点。因此，在分析暴露度时受体价值暴露度的衡量更为科学，即以各类暴露在风险影响范围内的受体价值占该区域所有该类型受体价值比例的平均值来表示。

2.3.2　覆盖全面性改进

周期度、波动度、暴露度、集中度、确定度、饱和度、承受度、减缓度、容忍度九种维度对风险本质属性与特征进行了相对全面的揭示和刻画，但不足是缺失了对风险致因本身的破坏能量的度量以及不同受体对风险致因敏感度的度量。因此，本节在九种维度的基础上新增能量度和敏感度两种维度。

(1) 能量度

风险能量度是指风险致灾因子本身的破坏力。不同类型的风险能量度差异明显，一般而言，自然类的风险影响范围大、破坏力强、能量度高，如地震、台风、暴雨等；人为类的风险能量度低，空间范围影响和破坏程度影响均较低。风险能量度可基于风险的致灾因子特征、规模等进行测算。

(2)敏感度

风险敏感度可通过致灾因子对受体的影响程度进行度量，其取决于受体的材质、结构等固有属性以及当前的稳定状况等动态属性。例如，对于火灾而言，木质建筑的敏感度相比混凝土建筑更高。风险敏感度越高，在同样的风险能量下，遭受的破坏越大，风险越高。

本节在风险九度分析模型的基础上，改进周期度和暴露度，增加能量度和敏感度，进而建立风险十一度分析模型。

2.3.3 测算可行性改进

风险九度分析模型中的每一度都给出了定量的计算模型，但在实际应用中，模型的各类参数一般很难获得定量数值，这给风险测算带来了难度。从风险评估的主要目的，即给出各类风险的相对值和管控优先级，为资金投入、物资设备投入、人员投入提供依据出发，设计风险十一度分析模型定性标准，将每一度分为高、中、低三个等级，分别取值 5、3、1，如表 2-1 所示。

表 2-1 风险十一度分析模型及定性判断标准

维度	高(5)	中(3)	低(1)
周期度($R_{\text{Periodicity}}$)	风险致灾因子在被评估地区(单位)以周期形式出现，有3个以上周期的数值记录，如降雨量等	风险致灾因子在被评估地区(单位)以周期形式出现，有1～3个周期的数值记录	风险致灾因子在被评估地区(单位)未以周期形式出现，如触电事故等
波动度($R_{\text{Fluctuation}}$)	风险水平差异在时间维度上明显，在观测周期内某些时间达到峰值，某些时间不存在，偏差在60%以上，如雷电	风险水平差异在时间维度上存在但不明显，在观测周期内某些时间高、某些时间低，偏差在30%～60%，如游客拥挤踩踏	风险水平差异在时间维度上不明显，在观测周期内基本持平，偏差在30%以下，如自然沉降
暴露度(R_{Exposure})	被评估地区(单位)内所有受体价值的60%以上暴露在风险的影响范围内，如暴雨灾害下的各类受体基本都会受影响	被评估地区(单位)内所有受体价值的30%～60%暴露在风险的影响范围内	被评估地区(单位)内所有受体价值的30%以下暴露在风险的影响范围内

续表

维度	高(5)	中(3)	低(1)
集中度($R_{Concentration}$)	被评估地区(单位)按照行政区划、功能定位等进行分区后，各分区风险水平相差明显	被评估地区(单位)按照行政区划、功能定位等进行分区后，各分区风险水平相差一般，如泥石流对各区域都会产生影响，但根据地势会有差异	被评估地区(单位)按照行政区划、功能定位等进行分区后，各分区内风险水平基本无差异，如地震灾害
能量度(R_{Energy})	风险致灾因子的能量产生的破坏性巨大，影响范围占被评估地区(单位)面积的60%以上且对影响区域内的大多数受体能产生毁灭性破坏，如地震灾害	风险致灾因子的能量产生的破坏性一般，影响范围占被评估地区(单位)面积的30%～60%且对影响区域内的大多数受体能产生可恢复的损坏，如强降雨	风险致灾因子的能量产生的破坏性微小，影响范围占被评估地区(单位)面积的30%以下或对受体长时间作用才会产生影响
确定度($R_{Certainty}$)	风险出现的时间、地点、潜在后果等各项信息基本明确或可监测	风险出现的时间、地点、潜在后果等各项信息可根据相关信息进行推测	风险出现的时间、地点、潜在后果等各项信息基本都是随机的
敏感度($R_{Sensitivity}$)	受体对风险致灾因子非常敏感，一旦暴露在该风险下可产生直接损坏	致灾因子对受体有影响，但破坏性一般或需较长时间接触	致灾因子对受体几乎没有影响
饱和度($R_{Saturability}$)	已发生过的该类风险引发的事故造成的损失达5000万元以上，或死亡人数达10人以上，或重伤人数达50人以上	已发生过的该类风险引发的事故造成的损失达1000万～5000万元，或死亡人数在3～10人，或重伤人数在10～50人	已发生过的该类风险引发的事故造成的损失在1000万元以下，死亡人数在3人以下，重伤人数在10人以下
承受度($R_{Resistance}$)	心理上、经济上、政治上等各方面承受能力很强，不会对被评估地区(单位)产生显著影响，或可快速恢复或消除影响	心理上、经济上、政治上等各方面承受能力一般，可对被评估地区(单位)产生可观测的影响，可协调资源进行一定程度的恢复或消除影响	心理上、经济上、政治上等各方面承受能力很弱，可对被评估地区(单位)产生显著影响，几乎不可恢复或消除影响
减缓度($R_{Mitigation}$)	采取控制措施可对风险致因或受体产生显著性影响，使风险水平得到极大的降低	采取控制措施可对风险致因或受体产生可观测的影响，使风险水平得到一定程度的降低	几乎无法通过控制措施对风险致因或受体产生影响，现有技术水平或资源无法降低风险
容忍度($R_{Tolerability}$)	可接受风险水平的实际值和预期值出现较大偏差	可接受风险水平的实际值和预期值出现一般偏差	几乎不能接受风险水平的实际值和预期值出现偏差

2.3.4 结果支撑性改进

风险九度分析模型主要提出了九种维度的含义和测度方式，从时间类、空间类和状态类进行了简单归类，但对不同维度间的关系、作用，以及指导风险管控工作的思路并没有进行具体阐述。

对改进后的风险十一度分析模型的含义进行研究后可以发现：

从与风险水平相关性来看，波动度、暴露度、能量度、敏感度、饱和度是正相关的，即这五种维度的结果越高，风险水平越高；周期度、集中度、确定度、承受度、减缓度、容忍度是负相关的，即这六种维度的结果越高，风险水平越低。对于负相关的六种维度，在进行风险值雷达图绘制时，应进行结果值的置换。

从分析对象来看，周期度、波动度、能量度、确定度主要从风险致因角度进行分析，其结果相对具有客观性，风险管控者在短时间内较难对这四种维度进行调整。暴露度、集中度、敏感度主要从风险受体角度进行分析，饱和度、减缓度主要从风险致因和风险受体角度进行分析与测度，承受度、容忍度主要取决于被评估单位管理者、属地政府及社会居民的心理承受能力、经济承受能力等。

风险评估的最终目的是支撑风险管控工作，而风险管控工作最重要的两个方面是明确可行性和必要性。基于风险十一度分析模型与风险水平相关性、分析对象等方面的特征，可通过以下步骤从可行性和必要性角度进行结果分析与整合。

1) 负相关风险度取值置换。将与风险水平呈负相关关系的风险度取值进行置换，置换值取值规则如下：高置换取值为 1；中置换取值为 3；低置换取值为 5。

2) 可行性测算。可行性测度指标主要包括周期度、波动度、集中度、确定度、减缓度，其中减缓度是最为相关的。风险管控的可行性可定义为

$$\mathrm{RM}_{\text{Possibility}}=\alpha R_{\text{Mitigation}}+\beta R_{\text{Certainty}}+\gamma R_{\text{Concentration}}+\delta R_{\text{Periodicity}}+\varepsilon R'_{\text{Fluctuation}} \tag{2-16}$$

式中，α、β、γ、δ、ε 分别是减缓度（$R_{\text{Mitigation}}$）、确定度（$R_{\text{Certainty}}$）、集中度（$R_{\text{Concentration}}$）、周期度（$R_{\text{Periodicity}}$）、波动度置换值（$R'_{\text{Fluctuation}}$）的权重。

3）必要性测算。必要性测度指标主要包括暴露度、能量度、敏感度、饱和度、承受度、容忍度。风险管控的必要性可定义为

$$\mathrm{RM}_{\text{Necessity}}=\theta R_{\text{Exposure}}+\mu R_{\text{Energy}}+\rho R_{\text{Sensitivity}}+\tau R_{\text{Saturability}}+\varphi R'_{\text{Resistance}}+\omega R'_{\text{Tolerability}} \tag{2-17}$$

式中，θ、μ、ρ、τ、φ、ω 分别是暴露度（R_{Exposure}）、能量度（R_{Energy}）、敏感度（$R_{\text{Sensitivity}}$）、饱和度（$R_{\text{Saturability}}$）、承受度置换值（$R'_{\text{Resistance}}$）、容忍度置换值（$R'_{\text{Tolerability}}$）的权重。

风险十一度分析模型与风险水平相关性、分析对象、管控可行性/必要性的关系分析如表 2-2 所示。

表 2-2　风险十一度分析模型各指标特征

分析项	周期度	波动度	暴露度	集中度	能量度	确定度	敏感度	饱和度	承受度	减缓度	容忍度
风险水平相关性	负相关	正相关	正相关	负相关	正相关	负相关	正相关	正相关	负相关	负相关	负相关
分析对象	风险致因	风险致因	风险受体	风险受体	风险致因	风险致因	风险受体	风险受体、风险致因	风险管控主体、属地政府及社会居民	风险受体、风险致因	风险管控主体、属地政府及社会居民
管控可行性/必要性	可行性	可行性	必要性	可行性	必要性	可行性	必要性	必要性	必要性	可行性	必要性

4）矩阵化呈现。将风险可行性和必要性结果按照高（5）、中（3）、低（1）进行划分，用二维矩阵图可将风险管控工作的可行性和必要性进行直观呈现，如图 2-9 所示。其中，对于Ⅰ区的风险，其进行管控工作的可行性和必要性均较低，因此需采取暂时接受的策略；对于Ⅱ区的风险，其管控可行性较低、

必要性很高，因此需采取寻求新方案的策略；对于Ⅲ区的风险，其管控可行性较高，但必要性较低，因此需视情况采取适当应用的策略；对于Ⅳ区的风险，其管控可行性和必要性均很高，因此应采取立即行动的策略，这种风险管控策略简称“4A(apply、action、accept、acquire)”策略。

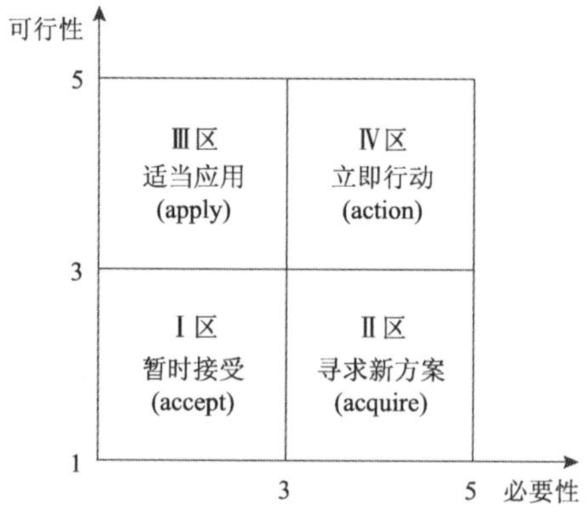

图 2-9　风险管控“4A”策略

5)风险管控实施。对于Ⅳ区的风险应尽快依托现有资源、技术、人员立即采取措施进行风险控制，对于Ⅲ区的风险可在各类资源充足的情况下选择性进行控制，对于Ⅱ区的风险应尽快研究探讨新思路、新方法，引进新资源进行控制，对于Ⅰ区的风险可选择接受、暂不处理。

2.3.5　风险九度分析模型改进前后对比

与原模型相比，改进后的风险九度分析模型主要在以下四方面进行了优化：①周期度和暴露度的含义更符合风险度量的内涵且度量工作更具可操作性；②增加的敏感度和能量度补充了原模型在风险致灾因子与受体本身特征方面的度量；③将纯模型定量计算改为“高(5)、中(3)、低(1)”分级度量的方式，可以更好地应用在实际工作中；④“4A”策略从风险管控最终目标的角度为管理人员开展工作提供了依据和支撑，这在原模型中是缺失的。

2.4　风险多维度分析模型在博物馆风险管理中的应用

2.4.1　应用对象基本情况简介

A 石窟自古以来就是佛教圣地，创建于西秦，2017 年有窟龛 185 个、雕像 776 尊、壁画 912 平方米。石窟所在山体山岩的地质结构不耐风化和潮湿，周边山体离石窟所在山体距离较近。A 石窟保护区下游建有水电站，对石窟构成了威胁，很多石窟只能长期埋于水下。石窟所在县年平均气温为 9.6 摄氏度，平均最高气温在 8 月，为 21 摄氏度，最低气温在 1 月，为零下 5.9 摄氏度，窟内年平均降雨量约 300 毫米，降雨主要集中在 5～9 月，一年有 1～2 次暴雨。高大山体和主沟谷河床因雨洪冲刷与砾石沉积而无植被生长。2018 年，暴雨引发的泥石流将河床抬高 2～3 米，石窟、安防设备设施等损失严重。受交通等因素影响，游客数量不多。A 石窟保护区分布如图 2-10 所示。

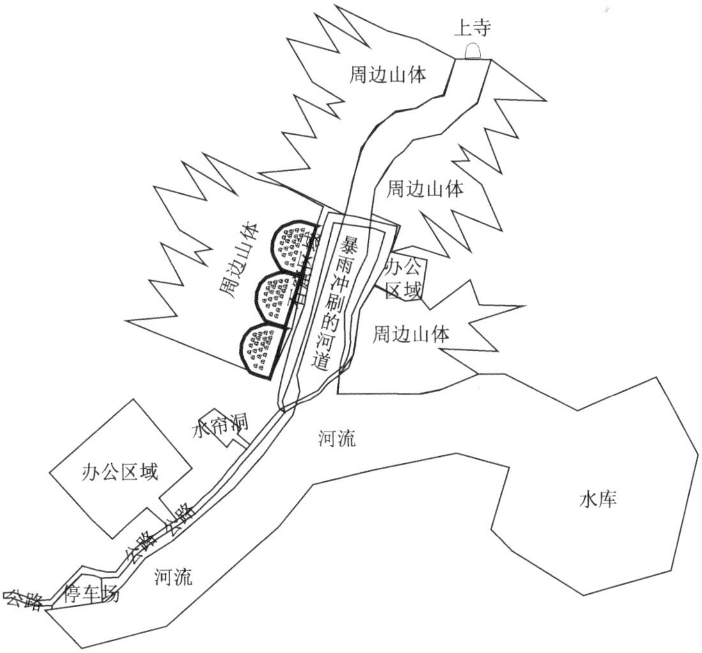

图 2-10　A 石窟保护区分布示意图

B 石窟被誉为东方雕塑艺术陈列馆，始建于 384～417 年，有洞窟 221 座、泥塑石雕 10 632 身、壁画 1300 余平方米。石窟所在山体高 142 米，高于周边山体地势。山体为古近纪—新近纪沙砾岩，石质结构松散，不易精雕细镂，故以精美的泥塑著称于世。石窟所在地区年降水量在 500～600 毫米，冬季气温很少低于零下 10 摄氏度，夏季气温一般不超过 30 摄氏度。因交通方便、知名度高，B 石窟的游客数量庞大。B 石窟保护区分布如图 2-11 所示。

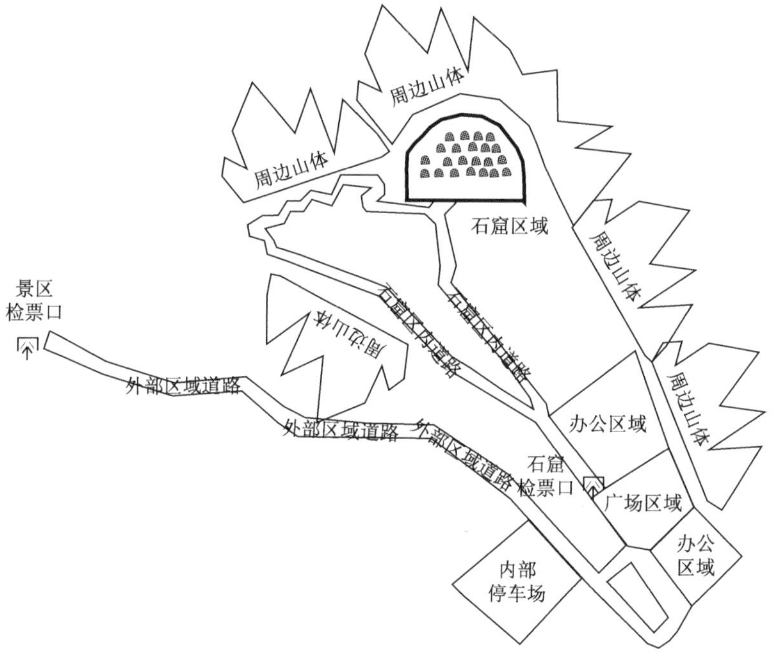

图 2-11　B 石窟保护区分布示意图

C 石窟创建于北魏时期，有大小窟龛 307 个，石雕造像 2126 尊，年最高气温 35.7 摄氏度，平均最高气温在 8 月，为 21 摄氏度，最低气温在 1 月，为零下 5.9 摄氏度；年平均降水量为 561.5 毫米。石窟寺泥质胶结，白垩系砂岩层理和软弱夹层发育，岩质疏松，卸荷裂隙发育。石窟寺经历 1400 余年风化剥蚀后，重力卸荷，地表水、地下水侵蚀，存在许多严重危及石窟安全的病害。客流量在三个石窟中属中等。C 石窟保护区分布如图 2-12 所示。

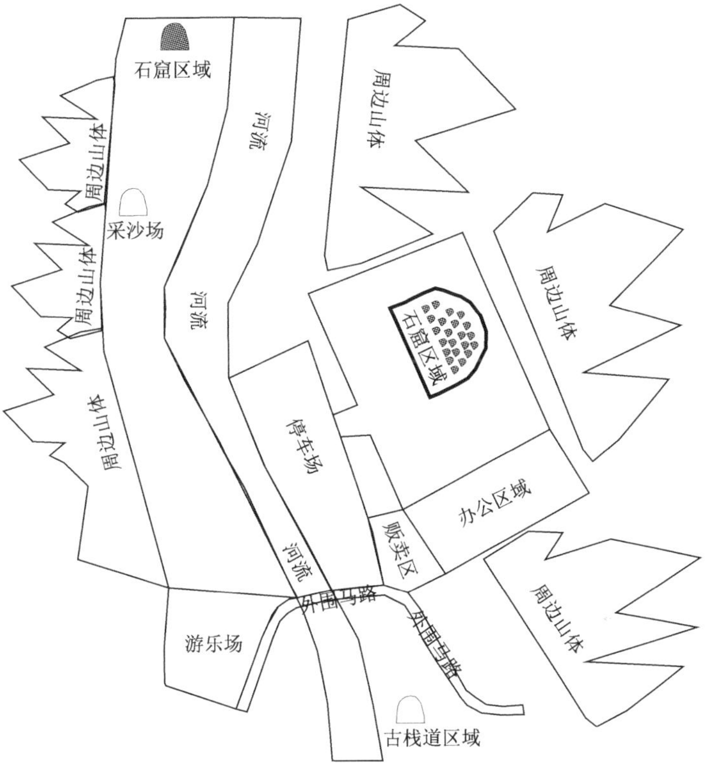

图 2-12　C 石窟保护区分布示意图

2.4.2　应用对象风险分析

本节以三个石窟的三种风险，即突发灾害类风险中的暴雨引发的泥石流风险(简称泥石流风险)、渐发病害类风险中的湿度引起雕塑的酥碱粉化风险(简称粉化风险)，以及经营活动类风险中的文物修复时脚手架对文物的损坏风险(简称脚手架风险)为例，进行风险十一度分析模型的应用分析。

(1)泥石流风险分析

三个地区降雨量都存在明显的周期性，且现有数值记录已有三年以上，降雨均集中在夏季，影响范围相对明确；三个地区的受体均为雕塑、壁画、游客，对泥石流的敏感度均较高，因此周期度、波动度、敏感度均取高，确定度均取中。

从暴露度来看，A 石窟各个功能区地势基本持平，石窟区离周边山体较近，游客游览通道靠近山体，几乎所有受体均处于泥石流风险覆盖范围内，故暴露度取高。B 石窟因地势高于周边山体地势，石窟本身所在山体为石质，发生泥石流的概率低，周边山体泥石流风险对石窟区及办公区影响较小，仅对游客上山通道有影响，故暴露度取中。C 石窟山体及游客游览路线区域都有护坡，地势高，发生泥石流概率小，故暴露度取低。

从集中度来看，A 石窟的地势较平，各个区域均会受到泥石流的影响，故集中度取低。B 石窟因地势高，只有周边山体泥石流风险高，其他区域相对较低，故集中度取高。C 石窟地势高，且因为有护坡，泥石流发生概率低，影响范围小，故集中度取中。

从能量度来看，A 石窟因修建水电站，区内水流无法顺利排出，且周边山体多、植被少，因此泥石流的能量大，故能量度取高。B 石窟周边山体可能发生泥石流，但因其影响范围小，故能量度取中。C 石窟因山体有护坡，影响覆盖范围有限，故能量度取低。

从饱和度来看，A 石窟有记录的泥石流影响最大，对文物产生了重大影响，故饱和度取高。B 石窟和 C 石窟已有记录中泥石流影响均很小，故饱和度取低。

从承受度来看，A 石窟因资金、人员、技术水平中等，所在区域离市区等较远，故承受度取中。B 石窟因资金、人员、技术水平均较高，故承受度取高。C 石窟因资金、人员、技术水平均较低，故承受度取低。

从减缓度来看，A 石窟当前发生泥石流概率高、能量度高，可通过采取加固等措施进行控制，故减缓度取高。B 石窟因加固会导致周围生态和景观被破坏，且当前风险并不是很高，故减缓度取低。C 石窟因当前发生泥石流概率低、能量度低、已采取护坡等措施，故减缓度取低。

从容忍度来看，A 石窟因当前风险值高，一旦发生泥石流会影响很大，故容忍度取低。B 石窟考虑到其客流量和经济承受能力，故容忍度取中。C 石窟客流量小、当前风险值低，故容忍度取高。

三个石窟的泥石流风险十一度分析模型应用结果如表 2-3 和图 2-13 所示。

表 2-3　泥石流风险十一度分析模型应用结果

石窟	周期度	波动度	暴露度	集中度	能量度	确定度	敏感度	饱和度	承受度	减缓度	容忍度
A 石窟	高	高	高	低	高	中	高	高	中	高	低
B 石窟	高	高	中	高	中	中	高	低	高	低	中
C 石窟	高	高	低	中	低	中	高	低	低	低	高

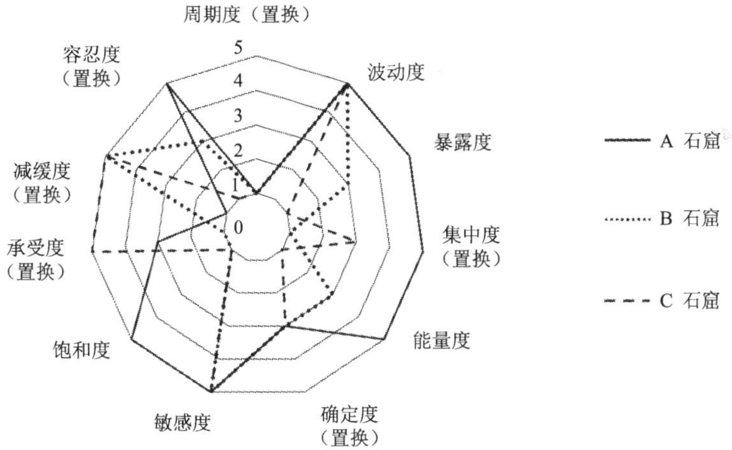

图 2-13　泥石流风险分析结果雷达图

由图 2-13 可知，A 石窟的泥石流风险最高。

(2) 粉化风险分析

根据三个地区的基本情况，结合粉化风险的特征，可得到以下结论。

因粉化是持续性、累积性、可监测、一直都存在的风险，随时间变化波动度变化小，所有石窟内的雕塑均会受影响，且风险导致的后果是不可恢复的。因此，三个石窟的粉化风险周期度、暴露度、集中度、确定度均取高，波动度和承受度均取低。

从能量度来看，A 石窟因修建水电站导致区内水位高，湿度相对较大，故能量度取中。B 石窟地势较高，湿度相对较小，故能量度取低。C 石窟护坡及硬化工程导致湿度增加，故能量度取中。

从敏感度来看，C 石窟因材质问题对湿度更为敏感，故敏感度取高，其他两个石窟敏感度取中。

从饱和度来看，C 石窟遭受损坏最严重，故饱和度取高，其他两个石窟饱和度取中。

从减缓度来看，A 石窟客观上因水电站无法拆除，因此可采取的措施有限，故减缓度取低。B 石窟因风险水平低，可减缓空间小，故减缓度取低。C 石窟因风险水平相对较高，可通过拆除已有护坡和硬化地面等方式有效缓解此类风险，故减缓度取中。

从容忍度来看，A 石窟和 B 石窟因材质本身受影响相对小，且作用时间较长，故容忍度取中。C 石窟因易受此类风险影响，风险水平较高，一旦有偏差，可能出现无法恢复的巨大影响，故容忍度取低。

三个石窟的粉化风险十一度分析模型应用结果如表 2-4 和图 2-14 所示。

表 2-4 粉化风险十一度分析模型应用结果

石窟	周期度	波动度	暴露度	集中度	能量度	确定度	敏感度	饱和度	承受度	减缓度	容忍度
A 石窟	高	低	高	高	中	高	中	中	低	低	中
B 石窟	高	低	高	高	低	高	中	中	低	低	中
C 石窟	高	低	高	高	中	高	高	高	低	中	低

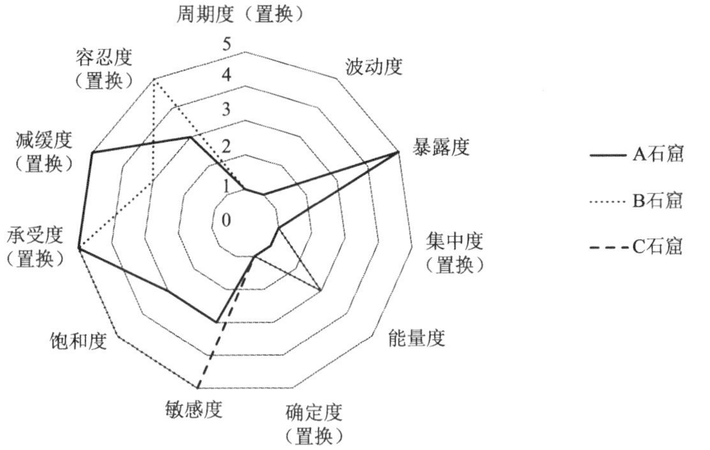

图 2-14 粉化风险分析结果雷达图

由图 2-14 可知，C 石窟的粉化风险最高。

(3) 脚手架风险分析

根据三个地区的基本情况，结合脚手架风险的特征，可得到以下结论。

文物修复活动是按照计划执行的，风险影响的范围较小，只有开展文物修复活动的场所内与脚手架有接触的文物才会在此类风险的覆盖范围内。另外，脚手架对文物的损坏范围有限，主要是磨损等，当前三个石窟已发生的脚手架事故影响后果均不大。因此，三个石窟的周期度、确定度均取中，波动度、暴露度、能量度、饱和度均取低，集中度、敏感度、承受度均取高。

从减缓度来看，当前三个石窟此类活动开展相对较多，管理规范性不足，可通过制定管理规则、开展人员培训、加强监督等方式有效降低损坏风险，故减缓度取高。

从容忍度来看，三个石窟的此类风险发生频率均相对较高，但可通过有效措施降低，且一旦发生磨损往往无法恢复，故容忍度取低。

三个石窟的脚手架风险十一度分析模型应用结果如表 2-5 和图 2-15 所示。

表 2-5 脚手架风险十一度分析模型应用结果

石窟	周期度	波动度	暴露度	集中度	能量度	确定度	敏感度	饱和度	承受度	减缓度	容忍度
A 石窟	中	低	低	高	低	中	高	低	高	高	低
B 石窟	中	低	低	高	低	中	高	低	高	高	低
C 石窟	中	低	低	高	低	中	高	低	高	高	低

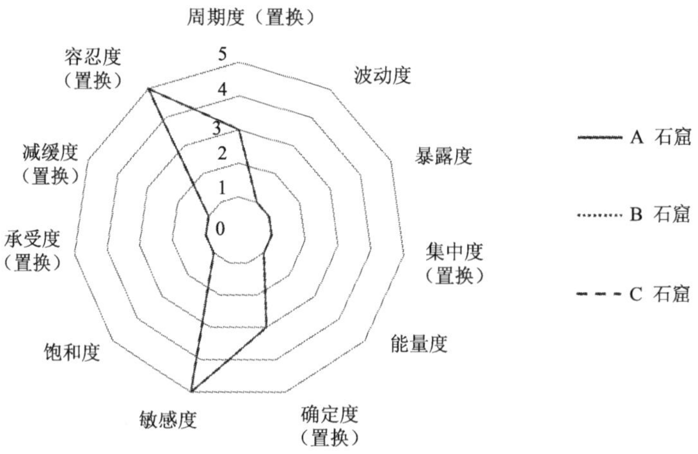

图 2-15 脚手架风险分析结果雷达图
三个石窟在所有维度上的取值相同，雷达图完全重合

2.4.3 多层次风险管控策略分析

三个石窟的三类风险在十一种维度上的取值，可通过图 2-16 的雷达图呈现。将式(2-16)和式(2-17)中的各个权重取均值，可以得到三个石窟三类风险的可行性和必要性，如图 2-17 所示。

(1)三个石窟管理方风险管控策略

由图 2-16 和图 2-17 可得到以下结论。

对于 A 石窟，从风险水平来看，管理者应优先进行风险管控的类型为泥石流风险，主要因其能量度、暴露度高，敏感性强。但从可行性和必要性的角度出发，A 石窟泥石流风险管控的可行性有限，需要积极寻求上级单位的帮助以寻找新的解决方案，但其粉化风险和脚手架风险管控可行性较高，可通过当前的资源进行一定程度的管控。

对于 B 石窟，管理者应优先进行风险管控的类型为脚手架风险和粉化风险，主要因其减缓度高、敏感性强。

对于 C 石窟，管理者应优先进行管控的类型为粉化风险，主要因其可行性强、必要性高。

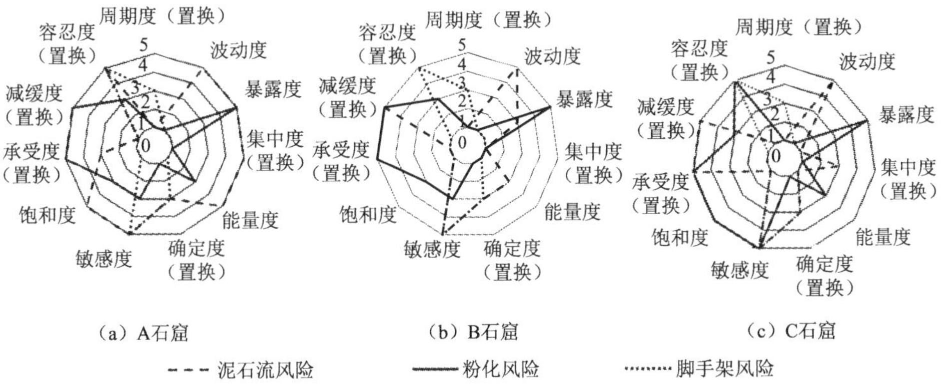

图 2-16　三个石窟的三类风险分析结果雷达图

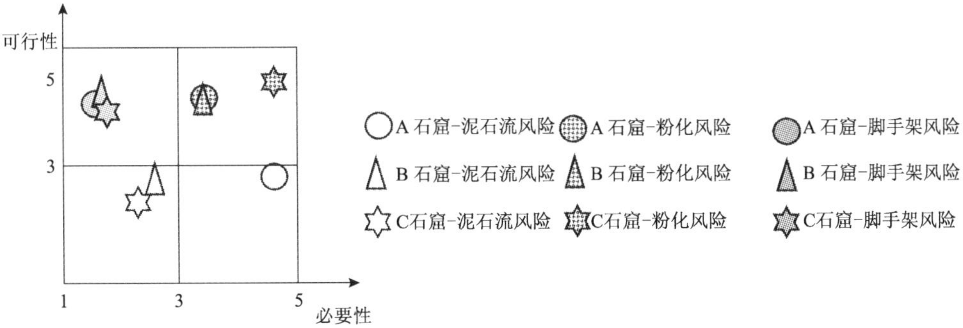

图 2-17　三个石窟三类风险的风险管控策略

(2)三个石窟上级部门风险管控策略

上级部门泛指对三个石窟有共同管理职责的部门，如共同的上级属地政府或行业主管部门。从三个石窟同类灾害的分析结果来看，对于突发灾害类风险中的泥石流风险，其周期度、波动度、敏感度均很高，可提前采取加固、物资储备、人员储备等措施，降低风险可能带来的损失值。而从其他几个维度的差异来看，A 石窟能量度、暴露度、饱和度均很高，且减缓度高，因此无论是从必要性的角度来看，还是从可行性的角度来看，在泥石流风险管控优先级上，A 石窟是最高的。对于渐发性病害类风险中的粉化风险，三个石窟的周期度、波动度、暴露度、集中度、确定度、敏感度、承受度取值相同，而从能量度、饱和度、减缓度、容忍度可以明显地看出，C 石窟的此类风险管控优先级最高。对于经营活动类风险中的脚手架风险，三个石窟在十一种维度上表现一致，由此可以看出，分析模型在做不同地区(单位)的经营活动类风险比较分析、确定管控优先级时是不适用的。

因此，对三个石窟的管理部门而言，应立即采取行动进行管控的是 C 石窟的粉化风险。针对 A 石窟，对于其泥石流风险，应组织人员、协调资源分析寻找新的解决方案从而进行有效管控；对于其脚手架风险，虽然风险水平较其他两类低，但其减缓性很高，因此可通过制定脚手架操作规范、明确施工安全管理过程等措施有效降低该类风险。

(3) 博物馆行业风险分类管控策略

对评估结果进行整体分析，可以看出不同博物馆的突发灾害类风险、渐发病害类风险、经营活动类风险在风险的十一种维度上存在显著差异，这对指导博物馆行业开展有针对性的风险管控工作具有重要意义。

第一，突发灾害类风险管控策略。

突发灾害类风险，尤其是气象、水文类灾害风险，一般周期性明显、破坏力强、各类受体敏感度普遍偏高。在制定风险管控策略时要注重以下四个方面：一是建立灾害信息记录系统，获取长时间尺度、大空间尺度累积数据，准确把握风险规律和演变趋势；二是建立灾情监测、预报、发布系统，实现分级预警，提前进行应急准备；三是在规划、设计、改扩建配套工程时加强受体的抗灾能力，如防震、防汛能力等，提高系统整体的鲁棒性，同时对敏感目标进行重点转移和保护，减少潜在损失(张小趁和陈红旗，2017)；四是加强区域联动，在信息协同共享的同时尽可能地实现物资、队伍的联动。

第二，渐发病害类风险管控策略。

渐发病害类风险的显著特征体现在损失的连续性和累积性，其作用机理和敏感度由受体材质等内在特征决定。因此，在进行风险管控时，一方面应加强病害机理分析，尽可能地避免致灾因子与敏感度高的受体直接接触，延缓损失发生的速度；另一方面应开展持续性监测和治理，因为此类风险影响累积后会从量变转化为质变，而质变一旦发生后果是不可逆的。鉴于文物的特殊性和技术的通用性，行业主管部门应对此类风险管控措施进行持续保障。

第三，经营活动类风险管控策略。

经营活动类风险是人为因素影响最为明显的一类风险。相对前两类风险而言，经营活动类风险能量度、暴露度明显较低，一般不会产生大范围的严重影响，但这类风险发生的频率相对较高，其致灾因子多为人的不安全行为和物的不安全状态，减缓度很高。因此，就行业主管部门和博物馆管理人员而言，应从工作标准、人员资质、设备检查、过程监督等方面制定管理规则和制度、加强教育培训、落实风险评估与隐患排查机制等，通过提高行业的规范化管理水平来降低经营活动风险水平。

2.5 本章小结

本章运用风险管理理论、管理机制设计理论、风险评估理论、系统理论等，对风险分析模型进行了扩展性建模研究，从三大类九种维度，即时间类的周期度、波动度，空间类的暴露度、集中度，以及状态类的确定度、饱和度、承受度、减缓度、容忍度构建风险九度分析模型各自的基本原理模型与数学分析模型。为了提高模型的科学性和实用性，在内涵准确性、覆盖全面性、测算可行性、结果支撑性等方面进行改进，提出了面向风险管控的“4A”策略，并以三个石窟博物馆为例进行了模型应用，为博物馆管理者、地方政府和行业主管部门开展风险分级管控工作提供了科学的思路，也便于读者理解风险多维度分析模型及其应用。

第3章 风险矩阵

风险评估也称危险评估，是指按照科学的程序和方法，对潜在的危险进行预先分析与估计，并在条件许可的情况下，以既定指数、等级或概率值做出定量的表示，为制订防护措施和安全管理提供科学依据的过程。用于风险评估的方法有多种，各种常规的决策分析方法(如决策树、层次分析法、模糊综合评价法等)也都可以用作风险评估。然而只有风险矩阵法脱颖而出，成为公共风险评估领域应用最广泛、最热门的工具。这一方面得益于其简单易用的优良特性，另一方面也是因为它把握住了风险的两个最核心要素：风险概率与影响后果。

在针对不同对象的风险评估分析中，学者通常会结合研究对象的实际特征，对风险矩阵法进行优化与补充。风险矩阵法虽然非常实用，但其评估结果粗糙的特点依然在一定程度上限制了其应用范围。

传统风险矩阵法的缺陷主要是风险等级划分不精确，从而导致出现不同输入却有相同输出的风险结(risk tie)现象，以及输入数值发生微小变化、输出结果却出现很大差异的情况等。对于此，本书提出了四种风险矩阵的扩展形式，将风险评估从矩阵单元格转变为坐标分区，在很大程度上保留风险评估简单、直观和易操作的同时，使模型成为一种普遍适用且简单易操作的评估方法。在此之前，先大致了解传统风险矩阵。

3.1 风险矩阵概述

英国数学家凯莱(Cayley)在19世纪提出，数学中的矩阵是一个按照长方阵列排列的复数或实数集合，最早来自方程组的系数及常数所构成的方阵。

风险矩阵法最初由美国空军电子系统中心于1995年开发，用于评估采购项目周期中存在的各种风险。不久，该方法被广泛应用于各行各业的风险评估中，如环境评估和危险化学品生产等行业都基于此方法拟定了科学规范的评估程序。部分机构(如美国国防部)甚至国家(如澳大利亚)也纷纷制定了符合自身实际情况的风险矩阵应用规范。之后，MITRE公司针对此方法研发了一套基于Excel 5.0的软件包，该软件包提供了多种强大的功能，从而使该方法进一步得到推广和普及。

就国内而言，2003年，朱启超等在《风险矩阵方法与应用述评》一文中真正对风险矩阵法进行了详细介绍，并阐述了具有较强可操作性的步骤说明，呈现了风险矩阵法的全貌(朱启超等，2003)。

近年来，对于风险矩阵法的研究主要着眼于应用领域。许多学者都采用了介绍方法—行业应用的模式，将风险矩阵法应用于解决某一具体行业或情景下的风险评估问题。

一个传统风险矩阵应该由两个输入变量(风险发生概率和风险影响烈度)和一个输出变量(风险等级，或称风险指数)构成。

风险矩阵法的本质特点如下。

1)有且仅有两个输入变量，输出变量的取值仅依赖于这两个输入变量；

2)所有输入变量和输出变量均被人为划分成不同的等级和赋予不同的

数值区间；

3) 评估结果，即输出变量的取值通过两个输入变量的集对运算来确定；

4) 集对运算的规则通过人为设定，遵从离原点越近风险等级越低的原则。

根据以上特点，不难刻画出风险矩阵的最简化形式，如图 3-1 所示。

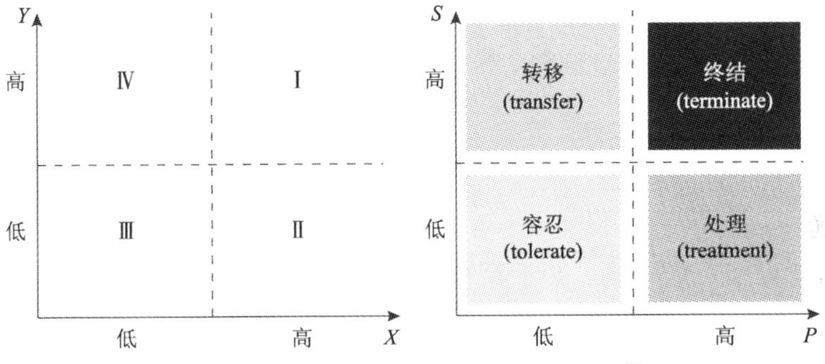

图 3-1　2×2 矩阵与“4T”矩阵

在图 3-1(a) 的矩阵中，两个输入变量 *X* 与 *Y* 均只被划分为两个等级：低和高，于是输入变量之间共有 4 种集对方式(低 *X*-低 *Y*、低 *X*-高 *Y*、高 *X*-低 *Y*、高 *X*-高 *Y*)。因此，该矩阵由 4 个单元格(Ⅰ、Ⅱ、Ⅲ、Ⅳ)构成，每个单元格分别对应一个集对运算的结果。

图 3-1(b) 的矩阵还原了风险评估的背景，变量 *P* 和 *S* 分别代表风险发生概率和风险影响烈度。将其不同等级两两进行集对运算后，就得到图 3-1(b) 所示的四个截然不同而又分别具有明确含义的单元格。例如，左下角的单元格代表低发生概率与低影响烈度的组合，因此通常属于可以容忍的风险；而右上角的单元格则代表高发生概率与高影响烈度的组合，属于非常危急的风险，应当在其酝酿发生前就将其终结。余下的两个单元格对应的风险级别居于容忍与终结之间，左上角的单元格代表低发生概率与高影响烈度的组合，属于可转移的情况；右下角的单元格代表高发生概率与低影响烈度的组合，属于可处理的情况。由此得到非常经典的“4T”矩阵。

3.1.1 风险矩阵的基本规则

使用风险矩阵法需要认同一些基本规则。

基本规则 1：遵从风险的标准定义，将风险看作事件发生概率及其后果严重性的组合。这意味着确定一个风险矩阵只需输入两个变量即可，而风险指数的大小则完全由发生概率和后果严重性决定。

基本规则 2：输入变量(风险发生概率、风险影响烈度)，以及输出变量(风险指数)均可进行人为划分形成数个不同的等级，并分别对应各自的定性描述和数值区间。

基本规则 3：风险矩阵法的计算过程遵从如下逻辑推理规则：如果风险发生概率是 P 且风险影响烈度是 C，那么风险指数就是 r。这种阐述方式或许比较抽象，3.1.3 节中会有具体解释。不难发现，这种运算方式具有较强的人为规定性，因此必然带有主观误差。

当然，除了以上三项基本规则外，风险矩阵法的使用还需要有很多前期铺垫工作的支持，如风险监测、风险识别、数据收集等，此处不再展开论述，同时假定这些前置环节都能顺利完成。

3.1.2 风险矩阵的基本要素

通过 3.1.1 节的介绍，可大致了解到一个传统风险矩阵应该由两个输入变量(风险发生概率和风险影响烈度)和一个输出变量(风险等级,或称风险指数)构成，本节再通过一个具体例子进行说明。

表 3-1 是一张典型的基于风险矩阵法的风险清单，其包含运用风险矩阵法进行风险管理所需要的全部信息。下面分别对各项要素进行解释说明。

表 3-1 基于风险矩阵法的风险清单

风险	风险源	烈度	概率	风险指数	控制措施
1	O	关键	0.1	中	C
2	O	关键	0.6	高	C
3	O	严重	0.9	高	C
4	O	中等	0.1	低	C
5	O	中等	1.0	高	C
6	O	严重	0.6	中	C
7	O	严重	0.4	中	C

1) 风险：是指已经被识别的、各项具体的潜在风险。这里为了简化讨论，用序号 1～7 来区别各项风险。

2) 风险源：用来描述风险从何而来，往往能为制定控制措施提供重要的信息，但此处它不是本节关心的内容，因此用符号 O 来替代。

3) 控制措施：是指与各项风险对应的控制手段，此处它同样不是本节关心的内容，因此用符号 C 来替代。

4) 烈度：输入变量之一，即风险影响烈度，是指风险事件发生后对于后果严重性的估计，在传统风险矩阵中一般被分为 5 个不同等级。

5) 概率：输入变量之二，即风险发生概率。通常使用发生频率的估计来替代，该变量的获得往往来自历史统计资料。在传统风险矩阵中，概率同样可被分成 5 个不同等级，为计算方便常以小数形式表述。

6) 风险指数：是风险矩阵的输出变量，即运算结果，由两个输入变量的不同取值决定。传统风险矩阵一般将其简单划分为低、中、高 3 个等级。

3.1.3 传统风险矩阵的构造

传统风险矩阵的构造过程实质上是对输入变量和输出变量进行分级并确

定组合方式的过程。对于输出变量(风险指数)而言，可以分成低、中、高 3 个不同的等级。概率变量的取值范围是一个天然的区间：0.00～1.00，传统风险矩阵将该区间人为划分成 5 个子区间，分别对应 5 个不同的等级，如表 3-2 所示。

表 3-2　传统风险矩阵的概率划分

概率等级	概率范围	描述
极不可能	0.00～0.10	小概率事件，常见于自然灾害等不可抗力
较不可能	0.10～0.40	风险源通常被控制得较好
可能	0.40～0.60	有一定规模的不确定因素，已有发生的先例
很可能	0.60～0.90	风险的致因太多，无法全面掌控
几乎确定	0.90～1.00	几乎无法避免，多见于各种常规风险

对于烈度变量，传统风险矩阵采取了与概率变量类似的处理方式，即人为地将烈度划分为 5 个等级，分别对应为数字 0～5 的 5 个子区间，如表 3-3 所示。值得一提的是，表 3-3 对于烈度的描述源自美国空军电子系统中心的采购项目风险，虽然并不适合所有其他的风险，但也具有一定的参考价值。

表 3-3　传统风险矩阵的烈度划分

烈度等级	取值范围	描述
关键	4～5	无法实现项目的关键目标或关键里程碑
严重	3～4	关键里程碑出现较大偏差或关键路径受较大影响
中等	2～3	关键里程碑出现小偏差且无法按时完成项目
微小	1～2	使用了额外资源，造成了额外成本，但按时完成项目
可忽略	0～1	影响微弱甚至毫无影响

有了输入变量的等级划分后，下面就可以按照风险矩阵法的基本规则 3 来构造一个传统风险矩阵。具体过程如下：将概率作为横轴，烈度作为纵轴，

将它们各自的5个等级两两组合，形成25个单元格，每个单元格都被赋予一个风险指数。于是，可得到如图3-2所示的传统风险矩阵。

关键	中	高	高	高	高
严重	中	中	中	高	高
中等	低	中	中	中	高
微小	低	低	中	中	高
可忽略	低	低	低	中	中
原点	0.00～0.10	0.10～0.40	0.40～0.60	0.60～0.90	0.90～1.00

图3-2　传统风险矩阵图

传统风险矩阵可被分成3个不同的区域，各自代表不同的风险等级。左下角区域为低风险区。中部区域和右上角区域分别为中等风险区和高风险区。显然，概率越小，烈度越小，相应的风险危害就越小。因此，传统风险矩阵对于风险指数的确定方式在总体上符合客观规律。

在使用风险矩阵进行风险评估时，一般采取以下两种主要方式：一是序列分析法，即根据比较充分的信息或历史数据，通过建立模型等手段预测出潜在突发事件的影响程度以及发生概率的大小，再将之输入矩阵，求得风险指数；二是专家调查法，即在具有部分资料但很不充分的情况下，依靠专家或管理人员结合以往经验和判断估计出潜在突发事件的影响和主观概率，之后同样将之输入矩阵，求得风险指数。在现实中，很多风险的评估确实都面临着缺乏历史数据的困境，因此专家调查法成为主要的选择。在实际操作中，通常是要求专家根据自己的经验和已有的信息，针对每一项风险，从概率和烈度两个维度进行打分，分值范围参考表3-2和表3-3。之后再分别从两个维度对所有专家的打分取算术平均值(认为所有专家同等地位，一视同仁)或加权平均值(承认权威的存在，加入社会声望模型)，从而得到每一项风险最终的发生概率和烈度等级，进而得到相应的风险指数。

通过观察图 3-2 所示的传统风险矩阵不难发现，当其被应用于一个特定的风险评估案例时，很可能出现概率和烈度输入值不同的风险却呈现相同的风险等级的情况。例如，概率为 0.80、烈度为“微小”的风险与概率为 0.15、烈度为“中等”的风险所对应的风险指数均为“中”。这种输入值不同却有相同输出的风险，被称为风险结(朱启超等，2003)。风险结的存在势必给评估工作带来难度，使评估结果变得模糊，无法区分究竟哪项风险更加危急，这对制定风险控制措施是非常不利的。

3.2 典型变异形式

风险结的存在使得传统风险矩阵的实用价值大打折扣。实际上，传统风险矩阵是不适合应用于大型项目评估的。为了提高风险矩阵法的适用性，后来出现了几种典型的变异形式。

3.2.1 矩阵单元重分区

该变异形式的实质在于将变量级别精细化并且重新编排不同风险指数的区域分布，从而降低结果的模糊程度。实施该变异形式，需执行以下两个主要步骤：

1)将所有输入变量和输出变量(烈度、概率和风险指数)划分成更多的级别，从而增加矩阵单元的数目。

2)根据风险矩阵的运算规则对矩阵单元进行重新分区。基本原则依然是越靠近原点，风险级别越低。

图 3-3 为一个矩阵单元重分区的例子，它将风险指数在原来的基础上增

加了 1 个等级：“很高”，同时概率也被扩充为 7 个等级，矩阵单元总数扩充到 35 个。该变异形式可以在一定程度上解决风险结的问题，但是无法将其根除。该变异形式的局限性在于：

1) 其基本规则继承了风险矩阵法，并未做任何改变，因此从本质上来看，它依然是一种传统风险矩阵。

2) 级别划分的精细化，增加了给所有单元格重新赋风险指数的工作量，以至于几乎不可能完成。

关键	中	中	高	高	很高	很高	很高
严重	低	中	中	高	高	很高	很高
中等	低	低	中	中	高	高	很高
微小	低	低	低	中	中	高	高
可忽略	低	低	低	低	中	中	高
原点	0.00～0.10	0.10～0.20	0.20～0.40	0.40～0.60	0.60～0.80	0.80～0.90	0.90～1.00

图 3-3 矩阵单元重分区举例：7×5

3.2.2 引入 Borda 函数

Borda 函数是典型的社会选择函数之一，是法国数学家博尔达(Borda)首先提出的为改善投票表决系统而设计的一种群决策规则，其原理如下：

每个投票人都对候选人进行排序。假设候选人集合 A 中有 m 个候选人，则将 $m-1$，$m-2$，…，1，0 这 m 个数分别赋予排在第一位，第二位，…，最末位的候选人。然后根据式(3-1)计算各候选人的 Borda 值(得分总数)。其中，x、y 表示集合 A 中的两位不同候选人，M 表示数量，中间的连接符号表示对于第 i 个投票人而言，前者优于后者。具有最高 Borda 值的候选人为优胜者。显然，每个候选人均需要与其他 $m-1$ 个候选人逐次比较后，才能确定其 Borda 值。

$$f_B(x)=\sum_{y\in A|\{x\}} M\left(x\succ_i y\right) \tag{3-1}$$

菲什伯恩(1977)论证了 Borda 函数具有明确性、中性、匿名性、单调性、齐次性和帕累托最优等优良性质。因此，Borda 函数在排序决策方面具有很好的应用价值。

将 Borda 函数引入风险矩阵可以显著改善风险结的现象。在具体应用过程中，首先需要定义如下变量。

1) N：待评估的风险总数；

2) k：评估准则，这里特指烈度与概率；

3) m：k 的个数，此处 $m=2$；

4) R_{ik}：在准则 k 下，比风险 i 级别更高的风险的总个数；

5) b_i：风险 i 的 Borda 值。

类似地，每个风险对应的 Borda 值可用下式进行计算：

$$b_i=\sum_{k=1}^{m}\left(N-R_{ik}\right) \tag{3-2}$$

可以表 3-1 中的数据为例，解释引入 Borda 函数后的评估过程。根据风险影响准则，“关键”已是最高级别，因此比风险 1 影响程度更高的风险个数为 0，即 $R_{1,S}=0$；根据风险概率准则，可以数出比风险 1 发生概率大的风险个数为 5，即 $R_{1,P}=5$。将这两个值与待估风险总个数同时代入式(3-2)中，可得 $b_1=(7-0)+(7-5)=9$。同理，可分别计算得到其他风险的 Borda 值，所有结果如表 3-4 所示。

表 3-4　引入 Borda 函数的评估结果

风险	烈度	概率	结果			
			R_{ik}(k=烈度)	R_{ik}(k=概率)	b_i	排序
1	关键	0.10	0	5	9	4
2	关键	0.60	0	2	12	1

续表

风险	烈度	概率	结果			
			R_{ik}(k=烈度)	R_{ik}(k=概率)	b_i	排序
3	严重	0.90	2	1	11	2
4	中等	0.10	5	5	4	6
5	中等	1.00	5	0	9	4
6	严重	0.60	2	2	10	3
7	严重	0.40	2	4	8	5

兰丝多恩(Lansdowne)与伍德沃德(Woodward)在最初提出引入Borda函数时，还建议使用Borda序值(Borda rank)作为对风险危急程度排序的依据，其可被定义为

$$\mathrm{br}_i = \sum_{j=1, j\neq i}^{N} M\left(b_j > b_i\right) \tag{3-3}$$

显然，Borda序值表示的意义是比某项风险更危险的其他风险的总个数。因此，Borda序值越小，对应的风险越大，其风险等级越高。但实际上，Borda值的定义式暗示了这样一条简单规律：b_i越高，说明R_{ik}越小，即综合两项准则后，比某项风险的级别更高的风险个数将会越来越少。这意味着，高Borda值恰好对应着高风险等级，两者应当是同向变化的。因此，Borda 值其实完全可以替代Borda序值作为衡量风险紧迫程度的参数。从某种意义上来说，Borda值甚至可以直接被视作风险指数。

根据表3-4所示的Borda值计算结果，可对7项风险进行排序，并用不同灰度标示其不同的危险度。可以看到，风险结由原来的“3+3”个减少到2个(Borda值均为9)。评估结果的精度确实得到较大提高。

但是引入Borda函数的方式并非完美无缺，其也无法完全消除风险结，这在表3-4的例子中就已得到体现。除此以外，还存在如下缺陷。

缺陷 1：采用枚举式的计算规则，每项风险均需进行 2(N−1)次比较后才能得到 Borda 值，因此评估效率相对低下；

缺陷 2：忽略了烈度与概率这两个风险评估准则间的异质性，把它们直接当成两个可加和的参数来处理；

缺陷 3：Borda 值的差分结果无法反映不同风险的真实差距。这是由缺陷 2 中所述的加和运算导致的。

3.3 风险结现象分析

风险矩阵法的缺陷对于评估最直接和重要的影响就是导致风险结的产生，而风险结的存在使得评估结果变得模糊。为了定量地比较评估结果的模糊程度，本书定义一个新的变量——风险结密度(risk tie density)，用符号 d_T 表示。其计算公式为

$$d_{\mathrm{T}} = \frac{\sum_{j=1}^{L} T_j}{L} \tag{3-4}$$

式中，T_j 是当方法被应用至某一特定案例时，风险级别 j 上存在的风险结个数；L 是风险级别的总数。

风险结密度代表平均风险结个数，即将风险矩阵法应用于某一具体案例时，平均每一个风险等级所占风险结个数。显然，d_T 值越小，说明平均风险结个数越少，因而评估结果的模糊程度越低，精确度越高。因此，风险结密度可以作为在同一案例基准下，比较不同变异形式优劣的一个关键参数。

表 3-5 归纳总结了传统风险矩阵、矩阵单元重分区实例(图 3-3)、Borda 方法对于 3.2.2 节所示案例的评估结果，并且计算了它们各自的风险结密度。

结果显示，在该案例基准下，矩阵单元重分区对应的评估精度(d_T =1.5)高于传统风险矩阵(d_T =2)，但同时又低于 Borda 方法(d_T =0.33>0)。这一现象验证了引入 Borda 函数可以有效地去除风险结，但无法将之彻底清除的结论。

表 3-5 传统风险矩阵与两种变异形式的结果比较

风险	烈度	概率	输出结果		
			TRM（d_T =2）	RMC（d_T =1.5）	BM（d_T =0.33）
1	关键	0.10	中	中	9
2	关键	0.60	高	高	12
3	严重	0.90	高	很高	11
4	中等	0.10	低	低	4
5	中等	1.00	高	很高	9
6	严重	0.60	中	高	10
7	严重	0.40	中	中	8

注：TRM-传统风险矩阵；RMC-矩阵单元重分区；BM-Borda 方法

事实上，风险结的出现频率与风险矩阵的结构是高度相关的。在矩阵内部，占据着较多单元格数目的风险等级，通常更容易出现风险结。以传统风险矩阵为例，由图 3-2 所示的矩阵结构不难发现，风险结的出现频率应该大致符合“中风险>高风险>低风险”的总体趋势。为探索其中的规律性，再定义一个新变量——风险等级密度(risk level density)，用符号 d_L 表示，其计算公式为

$$d_L = \frac{1}{6}\left(\frac{\min\limits_{1\leqslant j\leqslant L} n_j}{\sum\limits_{j=1}^{L} n_j} + \frac{\max\limits_{1\leqslant j\leqslant L} n_j}{\sum\limits_{j=1}^{L} n_j} + \frac{4}{L}\right) \tag{3-5}$$

式中，n_j 是风险级别 j 所占据矩阵单元格的数目；L 是风险级别的总数。

式(3-5)参考了计划评审技术(program/project evaluation and review technique，PERT)中估算项目工期的思想。在计划评审技术中，一般采用估计值来描述各项工作需消耗的时间，该估计值由3个参数决定。假设预期最短工期(即最乐观时间)是 T_o，最长工期(即最悲观时间)是 T_p，而最可能工期(即最可能时间)是 T_m，则工期的估计值 T 由下式计算得到：

$$T=\frac{1}{6}\left(T_{\mathrm{o}}+T_{\mathrm{p}}+T_{\mathrm{m}}\right) \tag{3-6}$$

在风险等级密度的定义式[式(3-5)]中，所有风险等级对应的单元格占有率的最小值与最大值分别对应悲观时间与乐观时间，而将所有单元格均分给每个风险等级后，它们的占有率对应最可能时间。因此，风险等级密度代表了某一具体矩阵中，每个风险等级的单元格平均占有率。在通常情况下，风险结出现的频率会随着 d_L 值的下降而下降。因此，风险等级密度可用于量化和估计某种矩阵在用于评估时出现风险结的频率。

例如，传统风险矩阵(图3-2)和矩阵单元重分区举例(图3-3)对应的风险等级密度分别为

$$\begin{aligned} d_{\mathrm{L}}^{\mathrm{TRM}}&=\frac{1}{6}\left(\frac{6}{25}+\frac{11}{25}+\frac{4}{3}\right)=0.3356\\ d_{\mathrm{L}}^{\mathrm{RMC}}&=\frac{1}{6}\left(\frac{6}{35}+\frac{10}{35}+\frac{4}{4}\right)=0.2429 \end{aligned} \tag{3-7}$$

因此，在绝大多数情况下，使用传统风险矩阵和矩阵单元重分区评估时，前者出现风险结的频率会明显高于后者。再针对图3-4所示的7种典型风险矩阵，分别计算其 d_L 值，就可以得到图3-5所示的风险等级密度趋势图。图3-5和式(3-5)均显示，不断增加变量的等级数(即划分变量等级更加精细化)可以间接降低风险结出现的频率。这实质上正是矩阵单元重分区这一变异形式的基本原理。

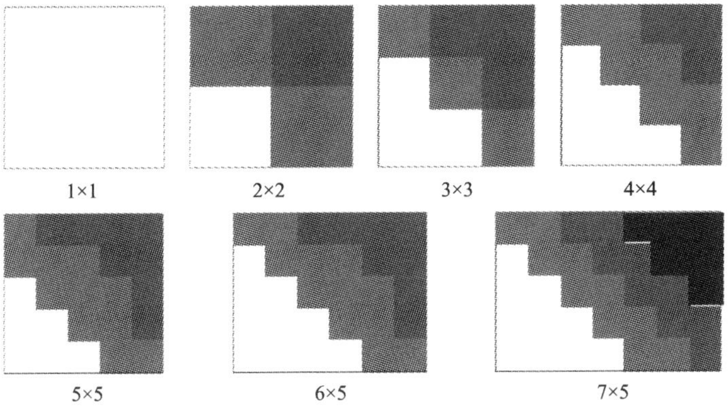

图 3-4　7 种典型风险矩阵

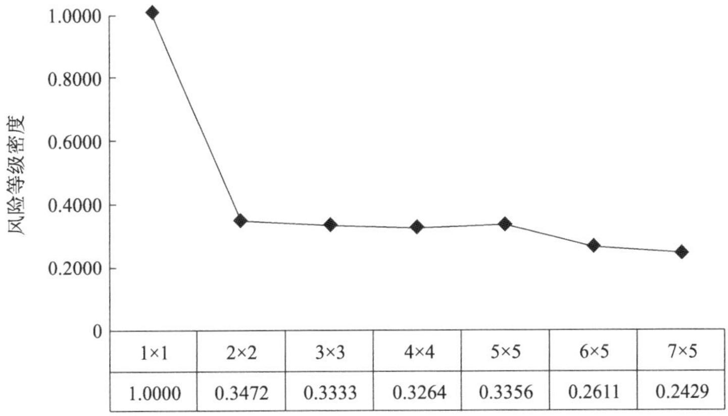

图 3-5　风险等级密度趋势图

3.4　传统风险矩阵的扩展

根据关于风险矩阵法的描述，不难总结得到其如下本质特点。

1) 有且仅有两个输入变量决定输出变量的取值；

2) 所有输入变量和输出变量均被人为划分成不同等级并被赋予不同数值区间；

3) 评估结果(输出变量)的取值通过两个输入变量的集对运算来确定；

4)人为设定集对运算的规则，遵从离原点越近风险等级越低的原则。

对于风险矩阵法而言，与简单实用的优点相伴的是严谨的数学基础的缺失以及较高的随意性和主观性。无论是变量的级别划分，还是矩阵的计算规则，均缺乏严谨的论证，带有强烈的“人为定制”色彩。这也从侧面解释了为何许多国家规定的风险矩阵标准形式都略有不同。

风险结的存在是风险矩阵法的一个重要缺陷，尽管可以采用如引入 Borda 函数等方法来减少风险结的数量，但风险结却始终存在。纵使可以将变量等级的精细化划分延伸至极限情况，即由原先一定长度的区间变为单一的离散值，集对组合式的运算规则依然会成为提高结果精度的最大障碍。这种极限精细划分的做法使得为每种输入组合匹配相应的输出值变得无比复杂和烦琐，以至于几乎不可能完成。因此，必须重新定义风险矩阵法的计算规则，才能从根本上实现最大限度地消除风险结的目标。

新计算规则应当满足以下基本要求：

1)原理简单且符合客观世界的规律；

2)考虑到概率与烈度准则之间的异质性；

3)输入至输出的过程应具有可操作性，而不应仅以简化为原则。

在众多的二元函数中，乘法形式被认为是新计算规则的一种自然选择。一方面，风险被表示为损失或负面影响的期望值；另一方面，其完全满足上述三个基本要求。于是，可以将新风险矩阵计算规则定义为

$$风险=烈度\times概率 \tag{3-8}$$

将原先的集对组合运算更改为乘法运算一方面保留了风险矩阵原理简单且易于使用的优点，另一方面解决了为离散输入值匹配输出值的难题，可以大幅提高评估结果的精度。同时，完全可以将这种思想进一步延伸至更广的范围。只要待评估目标可以仅通过两个输入变量来表示，那么就可以开发

出一种带有具体计算规则的矩阵式框架来对其进行评估。这也正是本书所提到的风险矩阵新扩展形式的基本原理。

3.4.1 输入变量的常见组合形式

假设 X 与 Y 分别代表两个不同的输入变量，C 代表可以仅由 X 与 Y 量化表示的待评估目标。那么它们之间的关系可以用如下类似隐函数的公式来表达：

$$C=f\left(X,Y\right) \tag{3-9}$$

式(3-9)中的 $f(\bullet)$ 表示一种定量的计算规则。能够符合式(3-9)条件的运算规则有很多，然而根据乘法形式的启示，在众多的计算规则中，算术运算应该是最简单却又能反映客观世界普遍规律的计算形式之一。因此，为了将问题简化，本书将风险矩阵的扩展形式限定在算术运算领域内，并阐述相关的思想和方法步骤。

将四大类算术算子(即加、减、乘、除)应用到式(3-9)之后，可以得到如下四种基本的变量组合形式。

1)加法形式：$C = X+Y$。

加法形式的使用前提是变量之间必须具有同质性。在应急管理中，加法形式可以用于评估突发事件造成的总损失，公式如下：

总损失=直接损失+间接损失=事件破坏+应急成本

通过观察这些常见的变量组合形式不难发现，其实待评估目标已经不再局限于风险，同时，传统矩阵的图形样式也会随着新的扩展形式而发生重大变化。

2）减法形式：$C=Y-X$。

减法形式要求评估的输出变量 C 与两个输入变量 X、Y 均代表同一类事物，或至少具有相同的性质，不存在显著的异质性。否则，该公式就是无意义的，评估结果自然也是完全无效的。在应急管理中，减法形式的一个典型应用是可以评估应急资源缺口，公式如下：

应急资源缺口=资源需求量-资源储备量

3）乘法形式：$C=X\times Y$。

乘法形式是由新的风险表达式，即风险 = 烈度×概率衍生得到的。在现实中，大量的客体均可使用该形式进行评估，尤其是那些可以被归类为期望值型的输出变量。以应急管理为例，衡量一个突发事件的影响程度就可使用如下的类似表达式：

事件的影响度=造成的损失×发生概率

4）除法形式：$C=Y/X$。

除法形式是一个十分常见的评估公式，它尤其适合于那些比例型的输出变量。同样地，以应急管理为例，一项应急处置行动的效率通常可用如下的除法公式进行评估：

应急行动效率=利得/成本=行动挽回的损失/行动导致的成本

3.4.2 四种基本的扩展形式

风险矩阵法衍生出的良好的扩展形式应当符合以下三条原则。

1）原有的易于理解和使用的优点应当被保留与继承，不能因为进行扩展，而变成极其复杂和抽象的方法，否则就丧失了其最大的特点；

2) 传统风险矩阵所固有的两大缺陷，即非精细的变量等级划分以及集对组合式的运算规则应该被更正；

3) 评估结果的精度应该越高越好，反映在评估实践中，即应该尽最大可能地避免风险结现象的出现。

本节中所要阐述的基于算术算子的 4 种扩展形式均符合以上原则。

乘法扩展形式的图形分区不再是类似传统风险矩阵的横纵单元格，而是变成由双曲线簇 $XY = C_i$ 所分割的一些不规则形状的区域；除法公式计算得到的输出结果是两个输入变量的比值；减法公式计算得到的输出结果是两个输入变量的差值，因此具有相同评估值的结果应当落在同一条斜率为 1 的直线上；加法公式计算得到的输出结果是两个输入变量的加和，因此具有相同评估值的结果应当落在同一条斜率为-1 的直线上。

3.5 本章小结

本章对风险矩阵进行了具体的介绍，包括风险矩阵的基本规则、基本要素以及传统风险矩阵的构造。同时，对传统风险矩阵中的风险结现象进行了分析，并在传统风险矩阵的基础上提出了风险矩阵的 4 种扩展形式。第 4～7 章将针对具体案例，利用风险矩阵的 4 种扩展形式进行详细分析与研究。

第 4 章　加法风险矩阵

本章对加法风险矩阵的概念，以及加法风险模型的建立、应用流程等进行介绍。在此基础上，利用重大风险源评价的实际案例验证该方法的可行性和适用性，为风险分析和应急评价提供切实可行的工具。

4.1　加法风险模型概况

1. 加法风险模型

加法风险模型是传统风险定义的改进与扩展，其根本目的是将传统二维的风险定义以加法形式进行表达，即变可能性与严重性的乘法组合形式为其他两种因素的加法组合形式。加法风险模型的核心原理是通过将目标对象风险拆分为两个不同维度的变量 X 和 Y，从加法组合的视角进行计算求解，将两个变量的加法视为目标对象风险的综合值。因此，加法风险模型的基本函数表达可以定义为

$$f(X,Y)=x+y \tag{4-1}$$

式中，$f(X,Y)$表示的是一种相对广义的风险，通常是基于结果的风险考虑；x 和 y 分别代表构成变量 $f(X,Y)$的所有组成部分，并且 $f(X,Y)$有且仅有 x 和 y 这两个组成部分。

基于结果的风险是将目标对象中潜在的不期望结果视为风险，在不期望事件的可能性因素方面，将其认定为在某种概率条件内，因此可以忽略不计。在加法风险模型中，这样的设计依据主要源于加法形式中变量属性的相同或相似基础，即两个变量能够相加的基本条件是满足加法原理：如果因变量 f 与自变量 $z(z_1,z_2,z_3,\cdots,z_n)$之间成正比关系，且每个自变量之间性质相同，那么即便缺少一个自变量，因变量 f 仍有其意义，同时存在：

$$f = z_1 + z_2 + z_3 + \cdots + z_n \tag{4-2}$$

式(4-2)的 n 维空间描述是，在坐标轴上从原点到 $z(z_1,z_2,z_3,\cdots,z_n)$点之间的 n 条线段为自变量，这 n 条线段首尾连接的总长度为 f。因此，在加法风险模型中，自变量和因变量通常要具有同质性。

式(4-1)计算得到的输出结果实际上是两个输入变量的加和，那么具有相同评估值的结果应当落在同一条斜率为−1 的直线上。如图 4-1 所示，直线 $X+Y=C_1$ 正是由所有满足加和结果为 C_1 的 X 与 Y 对组成的。显然，评估值会随着直线截距的逐渐增大而增大，截距的大小也就是风险的大小。因此，图 4-1 上位于直线 $X+Y=C_2$ 上的评估值均大于所有位于直线 $X+Y=C_1$ 上的评估值。

一般来说，风险因素具有广泛的多维度属性，即风险并不是由单一因素作用产生的，而是由若干因素在复杂的综合作用下产生的。但是风险因素也同样存在一定的共性特征，这使得诸多的风险因素可以以某种特殊的分类标准或原则进行维度的简化。这种共性特征符合加法风险模型中输入变量的基本要求。

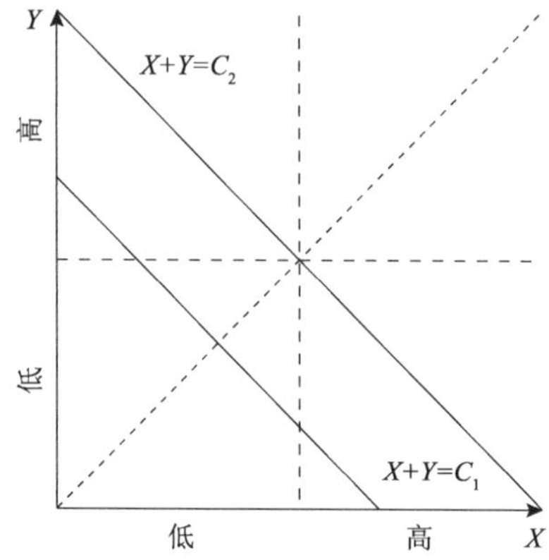

图 4-1　加法风险模型图示

2. 加法风险矩阵扩展形式

假设 X 与 Y 分别代表两个不同的输入变量，C 代表可以仅由 X 与 Y 量化表示的待评估目标。那么，变量之间的关系可以用如下公式进行表达：

$$C = f(X, Y) = \alpha X + \beta Y \tag{4-3}$$

式中，f 表示一种定量的计算规则。能够符合式(4-3)条件的运算规则有很多，但是它要求评估的输出变量 C 与两个输入变量 X、Y 均代表同一类事物，或至少具有相同的性质，不存在显著的异质性。否则，该公式就是无意义的，评估结果自然也是完全无效的。同样地，α 和 β 分别用来表示现有风险和潜在风险在总风险中的重要程度。

以应急管理为例，除了应用于评估事故灾害的总体风险，即总风险=α 现有风险+β 潜在风险，加法形式还可对其他方面进行评估，例如：

资源需求量=α 资源储备量+β 应急资源缺口

总损失=α 直接损失+β 间接损失=α 事件破坏+β 应急成本

通过观察这些常见的变量组合形式不难发现，其实待评估目标已经不再局限于风险。同时，传统风险矩阵的图形样式也会随着新的扩展形式而发生重大变化，由原来的矩阵单元格形式，变成坐标区域内的分区。

考虑 $C = f(X, Y) = \alpha x + \beta y$，式(4-1)计算得到的输出结果实际上是两个输入变量的加和，那么具有相同评估值的结果应当落在同一条斜率为 $-\dfrac{\alpha}{\beta}$ 的直线上。通过改变 α 和 β 的值，可以调整现有风险和潜在风险在总风险中所占的比重。

图 4-2 显示了加法风险矩阵扩展形式的一种可能的图形分区样式，整个区域被划分成由不同灰度标示的 6 个部分。

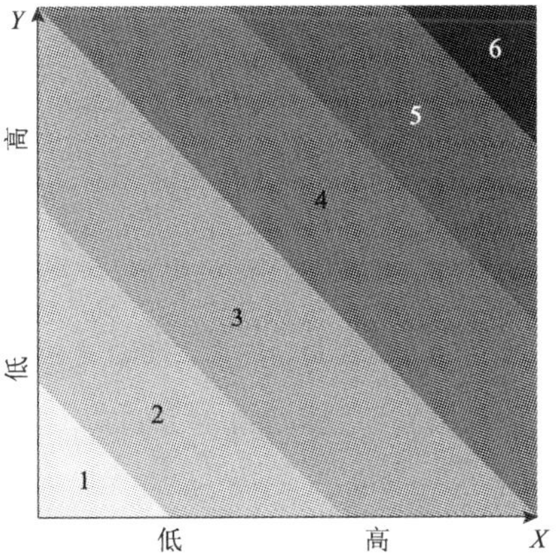

图 4-2　加法风险矩阵扩展形式图示

假设 X 代表某突发事件的现有风险，Y 代表某突发事件的潜在风险，则加法扩展形式中的 C 就可以表示突发事件的总风险。在这种情况下，评估结果越靠近区域的右上角，说明突发事件的风险危害越大。

随着 α 和 β 取值的变化，评价结果也会存在很大差异。图 4-3(a)中显示的是 $\alpha = \beta = 1$ 的情况，当取 $\alpha = 1$、$\beta = 0.5$ 时，加法扩展形式的图形分区将变成图 4-3(b)所示。

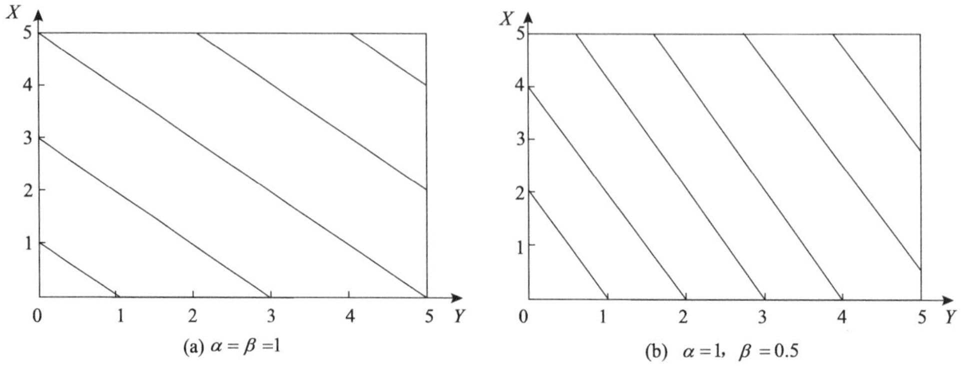

图 4-3　α 和 β 不同取值时的图形分区

由图 4-3 可以看出，加法风险模型的评价结果会受到系数 α 和 β 的影响。通过改变系数 α 和 β 的取值，可以调节不同变量在模型中的重要程度。考虑总风险= α 现有风险+ β 潜在风险，当 $\alpha=\beta=1$ 时，表示现有风险和潜在风险一样重要，共同构成总风险；当 $\alpha=1$、$\beta=0.5$ 时，则认为在总风险中，现有风险的重要程度更高，潜在风险尚未发生，因此取潜在风险的一半，构成总风险。对于其他评估对象，同样也可通过改变系数的方法，来体现各变量在总体中的重要程度。

为便于加法风险模型的应用，给出如下变量选择方法。

(1) 人员后果类

当风险分析的核心内涵仅考虑人员方面的后果时，风险 $f(X,Y)$ 中的两个变量主要为人员发生不期望事件所产生的不同结果，既可以根据受灾人数、伤害人数、死亡人数、损失工时(工日)、人员经济损失等绝对性指标变量进行划分，也可以根据千人(万人)死亡(负伤)率、单位产值伤害(死亡)率、单位产量伤害(死亡)率、单位工时伤害(死亡)率、单位人员损失率等相对性指标变量进行划分。具体划分标准可以以“异类频率”“直接与间接”“显性与隐性”“主体与客体”等二元论逻辑为依据。例如，受伤人数与死亡人数的和是死亡风险；直接经济损失与间接经济损失的和是人员经济损失风险。

(2) 物态后果类

当风险分析的核心内涵仅考虑物态方面的后果时，风险 $f(X,Y)$ 中的两个变量主要为事物发生不期望事件所产生的不同结果。例如，煤矿瓦斯爆炸、飞机空难、交通事故、建筑物火灾、隧道塌陷、山体滑坡、地震、海啸、洪水等。这些物态固有的后果风险，通常可以根据烈度、频度、距离(半径)、面积、体积、能量、流量等绝对性指标进行划分，也可以根据设备财产损失率、耕地受灾率、建筑物倒塌率、空气污染率、单位破坏率等相对指标进行划分。具体划分标准可以以“异类频率”“可测与不可测”“主要与次要”等二元论逻辑为依据。例如，毒害物质泄漏污染风险为生活区域污染面积与自然区域污染面积之和；设施损毁风险为生命线设施破坏率与基础设施破坏率之和等。

根据上述变量选择与界定方法，加法风险模型可以实现在实践中的应用范围扩展。只要明确风险是不期望事件结果的基本条件，通过合理准确的指标变量确定和二元逻辑区分，即可对风险进行加法形式的描述与计算评估。

4.2　加法风险矩阵扩展形式应用流程

加法风险矩阵扩展形式的表达式为 $C = X + Y$，加法所适用的评估对象是两种具有相同性质的风险因素，并且它们的作用效果以相互叠加的形式存在。假设 X 代表由突发事件直接导致的损失，Y 代表用于救援和恢复的成本，则加法风险矩阵扩展形式中的 C 就可以表示突发事件造成的总体损失，$C = X + Y$ 表达的是总损失=直接损失+间接损失。此外，加法风险矩阵扩展形式还能对很多其他种类的风险进行评估，如总风险=现有风险+潜在风险，同时还可对其他适合加法风险矩阵扩展形式的风险进行评估。加法风险矩阵扩展形式涉及的两种性质相同的风险因素在总的风险评价中的影响可能是不同的。因此，有必要为两种风险因素设置各自的权重，加法风险矩阵扩展形式可以表示为$C = aX + bY$， a和b的大小取决于变量X和变量Y在风险评估中的影响程度。

以总损失$=a$直接损失$+b$救援和恢复成本为例，详细介绍加法风险矩阵扩展形式的应用流程。

第一步：对于评估结果C来说，它是综合变量X和变量Y的结果，需要对它所表示的风险等级进行划分。根据评估结果C所表示的风险大小，结合评估的具体情况需要，将其划分为n个不同的等级，用来表示不同的风险大小。划分评估结果的依据主要从以下两方面进行考虑。

首先，等级划分要足够精细，不同的等级要能够体现出风险大小的差异，否则就失去了划分不同等级的意义。

其次，考虑到具体评估工作量的可行性和可采取的措施差异，需要结合实际情况来决定等级划分。在进行等级划分时，不能一味地追求精细，而不考虑不同等级是否都能对应存在不同的措施，如果划分的结果中，连续三个等级所对应的可采取措施均一样，那么这样太过于精细的等级划分也就失去了意义。

进行风险评估和评估的结果都是服务于最终的决策过程，也就是说，不管如何进行等级划分，等级划分的结果都必须对措施的采取具有指导意义。

为了便于说明方法的应用流程，这里取$n=3$，所对应的等级分别为“高”“中”“低”，针对每一个划分的等级，对应给出需要采取的应对措施，如表 4-1 所示。在具体应用过程中，可以根据实际情况和需要来确定n的取值和分别对应的等级描述。

表 4-1　总损失等级划分

序号	等级	描述	应对措施
1	高	突发事件造成的总损失较高，带来严重的经济损失和后果，救援和恢复可能需要投入大量成本	投入足够成本进行救援和恢复，降低突发事件造成的后果严重性，通过社会等方面筹集资金弥补损失

续表

序号	等级	描述	应对措施
2	中	突发事件造成的总损失中等，带来一定的经济损失和后果，救援和恢复可能需要投入一定成本	在保证救援效果的前提下，努力降低救援和恢复成本，降低突发事件造成的后果严重性，必要时可通过社会等方面筹集资金弥补一定损失
3	低	突发事件造成的总损失较低，带来较少的经济损失和后果，救援和恢复需要投入的成本较低	在保证救援效果的前提下，尽可能地降低救援和恢复成本，以及突发事件造成的后果严重性，不需要通过其他途径筹集资金弥补损失

第二步：结合实际情况，使用专家打分法等决策方法确定变量 X 的取值区间，并对区间进行等级划分。

这里的变量 X 是指直接损失，也就是在突发事件发生过程中所造成的各种直接损失，包括基础设施破坏、资金损失等。在突发事件发生过程中，影响到的承灾体可能不止一种，每种承灾体所遭受损失的形式可能各不相同。在计算直接损失数值时，根据不同情况，可以针对某一种承灾体进行评估，也可以针对某几种主要承灾体进行评估，还可以针对所有承灾体进行综合评估。首先，考虑除了人员死亡以外的所有承灾体，将所有承灾体承受的直接损失用经济损失进行统一量化，考虑到不同种承灾体受损后带来的影响不同，因此需要为每种承灾体设定一个权重系数 c_i，用来表示不同承灾体受损后的间接影响大小；然后，将这些承灾体转化后的经济损失加权求和，从而得到变量 X 所表示的直接损失总数。具体可用表达式表示如下：

$$X=\sum_{i=1}^{n}c_i x_i \tag{4-4}$$

式中，n 表示所使用的承灾体种类数；x_i 表示第 i 种承灾体承受的直接经济损失数量；c_i 表示第 i 种承灾体的权重系数。每种承灾体的权重系数可通过历史数据或其他数据获取，也可以在现有数据的基础上，邀请有经验的专家对物资需求最大量进行预估，即专家打分法，当然如果有其他合理的方式获得也是可以的。接下来，对直接损失进行等级划分，具体如表 4-2 所示。

表 4-2 直接损失等级划分

序号	等级	描述
1	极低	各个承灾体承受的经济损失极低，承灾体几乎没受到任何影响
2	较低	各个承灾体承受的经济损失较低，承灾体受到的直接影响程度较低
3	中等	承灾体承受的总经济损失中等，部分承灾体受到一定程度的直接影响
4	较高	承灾体承受的总经济损失较高，部分承灾体受到一定程度的直接影响
5	极高	承灾体承受的总经济损失极高，承灾体受到严重的直接影响

第三步：结合实际情况，使用专家打分法等方法确定变量 Y 的取值区间，并对其进行等级划分。变量 Y 是指在应急救援过程中的救援和恢复成本，考虑到挽救对象、种类、难度不同，需要对不同种类的承灾体救援和恢复成本进行量化并加权求和。

$$Y=\sum_{i=1}^{m}d_i y_i \tag{4-5}$$

式中，m 表示承灾体的种类数；y_i 表示对第 i 种承灾体进行救援和恢复所需要的成本；d_i 表示第 i 种承灾体的权重系数。每种承灾体的权重系数可通过历史数据或其他数据获取，也可以在现有数据的基础上，邀请有经验的专家对物资需求最大量进行预估，即专家打分法，当然如果有其他合理的方式获得也是可以的。接下来，对救援和恢复成本进行等级划分，如表 4-3 所示。

表 4-3 救援和恢复成本等级划分

序号	等级	描述
1	极低	需要的成本极低，承灾体遭受破坏极少，救援和恢复几乎不需要投入成本
2	较低	需要的成本较低，承灾体遭受破坏较少，救援和恢复只需要投入少量成本
3	中等	需要的成本中等，承灾体遭受破坏中等，救援和恢复需要投入一定成本
4	较高	需要的成本较高，承灾体遭受破坏较大，救援和恢复需要投入大量成本
5	极高	需要的成本极高，承灾体遭受破坏严重，救援和恢复需要投入的成本不可计

第四步：确定由变量组合 (X,Y) 共同产生评估结果区间，如图 4-3 所示。

第五步：根据评估对象的具体情况，结合历史数据，使用专家打分法等方法确定变量 X 的取值大小。

第六步：根据评估对象的具体情况，结合历史数据，使用专家打分法等方法确定变量 Y 的取值大小。

第七步：根据现有数据，结合历史资料及有关数据，使用专家打分法等方法分别确定变量 X 和变量 Y 的权重系数 a 和 b；简单起见，这里取 $a=b=1$。

第八步：根据计算公式 $C=aX+bY$，以及变量 X 和变量 Y 的取值，确定评估结果 C 落在图 4-4 中的位置，从而根据所在区间得到评估结果。

第九步：根据评估结果，采取对应措施。

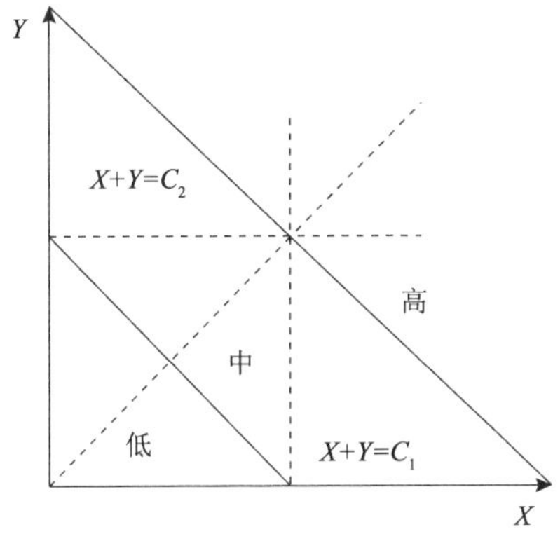

图 4-4　加法风险矩阵扩展形式图示

4.3　加法风险矩阵应用

4.3.1　重大危险源风险评价

《中华人民共和国安全生产法》规定：重大危险源是指长期地或者临时

地生产、搬运、使用或者储存危险物品，且危险物品的数量等于或者超过临界量单元(包括场所和设施)。随着我国经济的平稳健康发展，工业项目的选址多在城市周边交通便利、劳动力资源丰富的地区，然而随着城市化进程的加快，一些原本地段偏僻的工业项目周围逐渐聚集了大量公共设施，有些工业项目甚至被人口稠密的居民区所包围(卢丽薇，2014)。由于城市规划的不合理，加之多种历史因素影响，重大危险源在空间分布上与城市布局形成交叉，当重大危险源超过临界量单元时就会导致城市局部风险过高，一方面会对危险源自身的安全管理及其隐患控制造成困难，另一方面一旦发生重特大事故，周边的居民和环境将面临严重的威胁(肖纯和黎英，2013)。由城市重大危险源引发的城市安全问题成为制约我国社会经济可持续发展的主要问题之一。因此，以城市重大危险源的风险隐患评估为基础，为城市规划与应急决策提供科学依据，对于减少城市环境类突发事故具有重要意义。

近年来，中外学者在城市重大危险源风险评价方面开展了大量研究。具有代表性的《塞维索Ⅱ法令》是面向欧洲城市的重大危险源评价体系，可以看作这一评价从理论到实践的里程碑。以此为标准，较为系统的城市危险源评价理论和方法体系在欧洲各国相继建立，并以此指导实践，将相应的研究成果应用到城市安全规划中。与国外相比，我国在城市危险源评价方面的研究起步相对较晚，但近年来随着城市建设的快速发展，安全与应急学科建设的不断加强，以及政府部门和相关学术机构的高度重视，相关研究的热度也逐步增长，并取得了大量研究成果。

关于城市危险源的评价方法大致可以分为以下三类：基于安全距离的方法；基于事故后果的方法；基于风险的方法。相比前两种，基于风险的方法不仅需要考虑事故后果严重性，还需要计算事故发生的概率，因此更为全面和有效(关小芳等，2014)。目前，定量风险评价是这一方法中较为常用的，该方法最初源自美国民用核电站安全性的评价(Rasmussen，1975)，之后在英国、美国、澳大利亚、新加坡等多国使用。该方法突破了定性评价的局限性，综合考虑事故后果和期望概率，将个人风险和社会风险相结合表示区域的风险水平，并根据风险评价标准对整个区域的风险水平进行分区，为安全管理提供决策支持(侯海周等，2011)。

在定量风险评价方法中，个人风险关注的是“点”，仅考虑个体遭受危害的影响，通常是社会可接受风险的最小单元，而可逆或不可逆伤害等事故后果的影响受到的关注较少。社会风险关注的是“面”，研究对象是那些影响人数较多的重大事故，以死亡人数与事故发生概率关系的形式反映危险源周边公众所面临的风险，但人口密度对风险的影响是其主要关注的，其他如不同区域风险目标的相对重要性、可以获得的应急救援服务的差异、应急救援效率等因素并未在考虑范围内。在此基础上，欧盟于2002年启动了工业意外事故风险评价方法(ARAMIS)项目，这是一个较为综合的针对工业突发事故评价的方法体系，能够较为深入地刻画工业安全系统中各种因素对系统风险的影响，并在五个不同国家的风险评估实践中得到了验证。目前，已有国内学者采用工业意外事故风险评价方法开展了有关危险源识别、事故筛选等方面的工作，但针对城市重大危险源区域风险评价方面的研究却依然鲜见(赵明和陈求稳，2014)。

4.3.2 应用流程分析

针对城市重大危险源，可以根据加法风险模型和加法风险矩阵扩展形式进行分析，通过重新界定城市重大危险源风险的内涵与核心输入变量，对城市重大危险源风险水平进行重新评估。

(1)自变量与因变量界定

随着国内外研究的发展，重大危险源风险的定义与内涵得到了进一步完善与系统化。风险内涵中的尺度从最初以危险装置为对象的危险点源发展到企业园区整体的危险面源；空间范围从单一危险源发展到地区多个多类危险源；评价内容从单一事故后果发展到事故连锁性后果。

重大危险源风险通常可从个人风险、社会风险、经济风险、环境风险四方面进行分析，每个方面均有相对完整的定义与数学评估模型。

针对城市重大危险源，加法风险模型给出了风险的另一种界定。例如，在人员后果方面，可以构建重大危险源发生事故所造成的直接经济损失与间接经济损失的和为人员经济损失风险，其数学表达为

$$C_{人员经济损失} = aX + bY \tag{4-6}$$

式中，X 为人员伤亡产生的直接经济损失，是指与事故直接关联的，且能够用货币进行直接估计的损失，如事故直接导致的人员救治费用、赔偿费用等；Y 为人员伤亡产生的间接经济损失，是指与事故间接关联的，且能够用货币进行直接估计的损失，如事故后续影响导致的人员生活环境改善费用、医疗补偿费用等；a 和 b 分别为人员直接经济损失与人员间接经济损失的重要度系数。

重大危险源人员经济损失等级划分，如表 4-4 所示。

表 4-4　重大危险源人员经济损失等级划分

序号	等级	描述	应对措施
1	高	重大危险源事故造成的总损失巨大，引发大规模的直接人员伤亡和间接人员生命健康损害，相应的经济损失量远大于重大危险源相关的资产总量	投入足够成本进行救援和恢复，对其进行空间位置的重新调整，降低其单位存储能量，更新完善多级防护措施
2	中	重大危险源事故造成的总损失中等，引发中度规模的直接人员伤亡和间接人员生命健康损害，相应的经济损失量相当于重大危险源相关的资产总量	在保证救援效果的前提下，努力降低救援和恢复成本，以及突发事件造成的后果严重性，必要时可通过社会等方面筹集资金弥补一定损失
3	低	重大危险源事故造成的总损失较低，引发小规模的直接人员伤亡和间接人员生命健康损害，相应的经济损失量小于重大危险源相关的资产总量	保证事故危害与传播影响得到有效控制，降低突发事件带来的后果严重性，不需要通过其他途径筹集资金弥补损失

(2) 人员直接经济损失分级

结合重大危险源事故造成的潜在人员危害情况，基于人员暴露水平与人员经济损失指标构建人员直接经济损失的估算方法与分级标准。

人员暴露可分为直接暴露和间接暴露，这两种暴露情况在重大危险源发生毒害泄漏事故时尤为明显。在众多形式的重大危险源事故中，通常以毒害泄漏事故更能反映危险源对周边城市区域的影响。因此，直接经济损失与间接经济损失可从损失形式最大化的思路进行详细分析。

由此，式(4-6)中的 X 是指人员直接经济损失，也就是在重大危险源发生毒害物质泄漏事故过程中所造成的人员伤亡及其相关损失，从直接暴露的角度来看，主要包括岗位、车间或园区内直接遭受重大危险源毒害物质泄漏影响的各种人员损失(含现场人员的伤害数量、等级所对应的经济当量)。

在人员直接暴露情况下，暴露水平可以根据《生产安全事故报告和调查处理条例》进行划分，如表 4-5 所示。

表 4-5　人员直接暴露水平等级划分

序号	等级	描述
1	高	暴露人员中受重大危险源事故影响可能造成 30 人以上死亡，或 100 人以上重伤
2	中	暴露人员中受重大危险源事故影响可能造成 10～30 人死亡，或 50～100 人重伤
3	较低	暴露人员中受重大危险源事故影响可能造成 3～10 人死亡，或 10～50 人重伤
4	低	暴露人员中受重大危险源事故影响可能造成 3 人以下死亡，或 10 人以下重伤

重大危险源事故发生后，直接暴露的承灾体所产生的经济损失可能不止一种，如死亡和重伤，在工伤赔偿金、抚恤金等费用认定与核算方面都有不同标准要求。具体地，事故造成人员损失的经济当量可以根据《企业职工伤亡事故经济损失统计标准》规定的事故经济损失的统计指标和费用标准进行界定。人身伤亡后所支出的费用，主要包括医疗费用(含护理费用)、丧葬及抚恤费用、补助及救济费用、歇工工资(马宁，2014)等。因此，在确定人员

直接经济损失这一变量数值时，根据不同情况，可以针对某一种事故伤亡情况和经济损失指标进行综合评估，也可以针对某几种主要伤亡等级和经济指标进行评估，还可以针对所有伤亡等级和经济指标进行全面评估。由此，变量 X 所表示的人员直接经济损失总数可表达为

$$X=\sum_{i,j}n_j x_i \tag{4-7}$$

式中，n_j 为第 j 级伤害等级的直接伤害人员数量；x_i 为第 i 个经济损失指标的标准值。另外，伤害人员数量可根据评价目标重大危险源的历史数据进行估计，或邀请有经验的专家对其危害进行预估，即专家打分法，当然如果有其他合理的方式获得也是可以的。

对人员直接经济损失进行等级划分，如表 4-6 所示。

表 4-6　人员直接经济损失等级划分

序号	等级	描述
1	极低	各伤害等级造成的伤害人员数量和直接经济损失极低，人员几乎没受到任何影响
2	较低	各伤害等级造成的伤害人员数量和直接经济损失较低，人员受到的直接影响程度较低
3	中等	各伤害等级造成的伤害人员数量和直接经济损失中等，部分人员受到一定程度的直接影响
4	较高	各伤害等级造成的伤害人员数量和直接经济损失较高，部分人员受到一定程度的直接影响
5	极高	各伤害等级造成的伤害人员数量和直接经济损失极高，人员受到严重的直接影响

(3) 人员间接经济损失分级

人员的间接暴露通常是指重大危险源发生事故后，对危险品生产区域之外普通居民造成的各种间接影响，如毒害物质的扩散和污染等，间接影响周围居民的正常饮食起居和身体健康。由此，式(4-6)中的变量 Y 是指人员间接

经济损失，也就是在重大危险源发生毒害物质泄漏事故后，所造成的对周围人员生命安全与健康、生活条件、工作条件等方面的影响及其相关损失。

在人员间接暴露情况下，暴露水平可以根据表 4-7 进行划分。

表 4-7　人员间接暴露水平等级划分

序号	等级	描述
1	高	暴露人口超过 10 万人
2	中	暴露人口在 1 万～10 万人
3	较低	暴露人口在 1000～10 000 人
4	低	暴露人口不超过 1000 人

在计算人员间接经济损失数值时，根据不同情况，可以针对某一种事故对周围居民影响情况和经济损失指标进行综合评估，也可以针对某几种主要影响情况和经济指标进行评估，还可以针对所有影响情况和经济指标进行全面评估。由此，变量 Y 所表示的人员间接经济损失总数可表达为

$$Y=\sum_{p,q} m_p y_q \tag{4-8}$$

式中，m_p 为第 p 种事故影响情况的潜在影响人员数量；y_q 为第 q 个经济损失指标的标准值。另外，受影响人员数量可根据评价目标重大危险源的历史数据估计，或邀请有经验的专家对其危害进行预估，即专家打分法，当然如果有其他合理的方式获得也是可以的。

对人员间接经济损失进行等级划分，如表 4-8 所示。

表 4-8　人员间接经济损失等级划分

序号	等级	描述
1	极低	各事故影响情况造成的危害人员和直接经济损失极低，人员几乎没受到任何影响
2	较低	各事故影响情况造成的危害人员和直接经济损失较低，人员受到的直接影响程度较低

续表

序号	等级	描述
3	中等	各事故影响情况造成的危害人员和直接经济损失中等，部分人员受到一定程度的直接影响
4	较高	各事故影响情况造成的危害人员和直接经济损失较高，部分人员受到一定程度的直接影响
5	极高	各事故影响情况造成的危害人员和直接经济损失极高，人员受到严重的直接影响

(4)权重参数确定与评估结果区间划分

虽然重大危险源毒害泄漏的人员经济损失风险由人员直接经济损失和人员间接经济损失两部分组成，但在实际中，人员间接经济损失往往大于人员直接经济损失。因此，在 $C_{人员经济损失}=aX+bY$ 中，a 和 b 作为人员直接经济损失与人员间接经济损失的权重参数(重要度系数)需要进行一定形式的赋值。具体赋值方法可以根据专家调查法获得，也可以根据实践经验做出判断。

加入两个变量的权重系数，是因为人员直接经济损失在风险分析与估计中相对容易实现，并且相对准确；而人员间接经济损失往往不易估算。若存在某一适当的直间比(直接经济损失与间接经济损失之比)，便可以在只获取直接经济损失的情况下，对总体经济损失风险进行预估与评价。

(5)数据采集与综合评估计算

结合评估对象具体情况和历史数据，使用专家打分法等方法确定变量 X 和变量 Y 的取值大小，根据 $C_{人员经济损失}=aX+bY$，以及变量 X 和变量 Y 的取值，确定评估结果 C 的区间，根据所在区间得到评估结果，最终依据评估结果，采取对应措施。

4.3.3 算例

某城市周边有一化学品制造公司，厂区内储存剧毒物质氢氟酸约 20 吨，公司有员工150人。化工厂紧邻一个村镇，镇中的常住居民为12 000余人。现需对其爆炸泄漏事故潜在的人员经济损失风险进行分析与评估。

根据专家研讨分析，该化工厂一旦发生爆炸事故，厂内储存的氢氟酸极有可能发生泄漏，最大泄漏量可达10吨。氢氟酸即氟化氢，是一种剧毒物质，腐蚀性强，对人体皮肤和黏膜有强刺激作用，人员接触后会损害呼吸系统和神经系统（王岩和杜艳秋，2016）。一旦泄漏事故发生可能直接造成3～5人死亡、10人以上重伤、若干人轻伤。若毒气发生扩散，可能造成公司员工及周围居民出现不同程度的中毒症状，可能影响的人员数量达到3000人，一般会出现恶心、胸痛、皮疹、眼睛或咽喉疼痛等症状（马春兰等，2015）。

根据加法风险模型，设本算例中的人员经济损失风险为 C，人员直接经济损失为 X，人员间接经济损失为 Y。由此，可以定义 $C=X+Y$。

(1) 人员直接经济损失 X 的计算

根据表4-5所示的人员直接暴露水平，该化工厂的爆炸泄漏事故直接暴露水平为较低，可能造成3～10人死亡，或10～50人重伤。基于以上假设，根据专家打分法估算人员直接经济损失的各项指标与综合值。

1) 假设5名死亡人员。预计支付5名死亡人员家属一次性费用和基层单位支付死亡人员家属一次性费用共计419 000元。

2) 假设10名受伤人员。

医疗费：包括18个月医疗费、预留医疗费、辅助器具费，共计1 743 708元。

歇工工资：所有人员18个月工资、重伤人员额外歇工3个月工资，共计900 594元；

不能恢复工作的人员今后的医疗费估计约100 000元。

工资：设退休时间为60岁，考虑到社会平均工资水平逐渐增加。假设从现在至60岁平均工资是现工资额的2倍。在年限计算中，减去从受伤害起至今的18个月（即1.5年），设受伤害的时间平均为受伤害者生日后过去半年，分别计算后为150 018元。

合计直接经济损失：

$$X = \sum_{i,j} n_j x_i = 3\,313\,320 \tag{4-9}$$

经过专家综合判断，人员直接经济损失较高，爆炸泄漏事故直接导致的各伤害等级造成的伤害人员数量和直接经济损失较高，部分人员受到一定程度的直接影响，其 X 变量的整体赋值为 4。

(2) 人员间接经济损失 Y 的计算

根据表 4-7 所示的人员间接暴露水平，该化工厂的爆炸泄漏事故间接暴露水平为中，暴露人口在 1 万～10 万人。由此，可以估计人员间接经济损失的各项指标水平与综合值。假设有 3000 名居民受到泄漏事故的影响，根据专家打分和历史数据估算可以得到：

1) 3000 名居民的相关医疗与检查费用。预计支付一次性救治、体检、药物、辅助器具等医疗事项相关费用，共计 1 563 000 元。

2) 3000 名居民的过渡期食物供给费用。预计支付受影响居民在毒物污染清理期间的饮水与食品补偿费用，共计 1 080 000 元。

合计间接经济损失：

$$Y = \sum_{p,q} m_p y_q = 2\,643\,000 \tag{4-10}$$

经过专家综合判断，人员间接经济损失较高，爆炸泄漏事故间接导致的各事故影响情况造成的危害人员数量和间接经济损失较高，部分人员受到一定程度的直接影响，其 Y 变量的整体赋值为 4。

(3) 人员经济损失风险 C 的计算

根据构建的加法风险模型，并且将人员直接经济损失与人员间接经济损失的重要度视为均等，可知：

$$C = X + Y = 8 \tag{4-11}$$

由此可知，该化工厂发生氢氟酸爆炸泄漏事故的人员经济损失风险值为8，经过在加法风险矩阵中衡量分析，应属于高风险。重大危险源事故造成的总损失巨大，引发大规模的直接人员伤亡和间接人员生命健康损害，相应的经济损失量远大于重大危险源相关的资产总量。因此，该化工厂与有关监管部门应保证事故危害与传播影响得到有效控制，并对其进行空间位置的重新调整，降低其单位存储能量，更新完善多级防护措施。

4.4 本章小结

传统风险矩阵评估方法以乘法风险模型的两大要素为核心，即概率和烈度，该方法在诸多领域得到了广泛应用。然而乘法风险模型和风险矩阵方法在很多方面存在缺陷与局限性，如风险等级划分不精确导致出现不同输入却有相同输出的风险结现象，以及输入的数值发生微小变化、输出结果却出现很大差异的情况等。因此，本章以传统的乘法风险模型为基础，运用类比方式提出了加法风险模型，并将其应用于一个简单实例的分析，对加法风险模型进行描述。该方法在很大程度上保留了风险评估简单、直观和易操作性的特点，因此成为一种普遍适用且简单易操作的评估方法。

第 5 章　减法风险矩阵

本章对减法风险矩阵的概念，以及减法风险模型的建立、应用流程等进行介绍。在此基础上，将减法风险矩阵方法应用到应急物资储备策略和应急措施有效性评价中，并指出减法风险矩阵方法相比传统风险矩阵方法的优势所在。

5.1　减法风险模型概况

尽管减法风险模型比较容易理解，但相比风险矩阵的其他扩展形式，减法风险模型的使用条件要求更为严格。它要求评估的输出变量 C 与两个输入变量 X、Y 均代表同一类事物，或至少具有相同的性质，不存在显著的异质性。否则，该公式就是无意义的，评估结果自然也是无效的。在应急管理中，减法形式的一个典型应用是可以评估应急资源缺口，公式如下：

$$\text{应急资源缺口}=\text{资源需求量}-\text{资源储备量} \tag{5-1}$$

式(5-1)计算得到的输出结果实际上是两个输入变量的差值，具有相同评估值的结果应当落在同一条斜率为 1 的直线上。

如图 5-1(a)所示，直线 $Y = X + C_1$ 正是由所有满足差值结果为 $Y - X = C_1$ 的 X 与 Y 对组成的。显然，随着直线不断往左往上偏移，评估值也会随之逐渐增大，直线 $Y = X$ 同样是两大区域的分界线。左右两侧分别包含所有评估结果为正值和负值的直线。

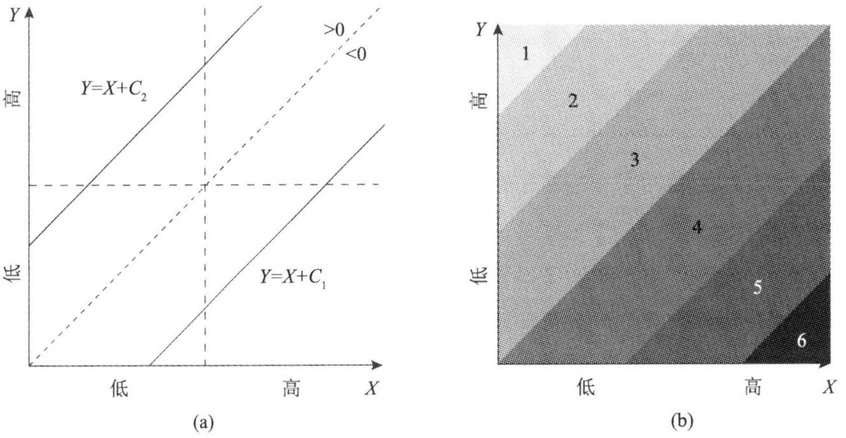

图 5-1　减法风险模型图示

因此，图 5-1(a)位于直线 $Y = X + C_2\left(C_2 > 0\right)$ 上的评估值均大于所有位于直线 $Y = X + C_1\left(C_1 < 0\right)$ 上的评估值。减法风险矩阵扩展形式的图形分区应该是由直线 $Y = X + C_i$ 所分割成的不同形状的三角形与梯形区域，每一个 C_i 对应着一条直线。图 5-1(b)列示了一种可能的图形分区样式，整个区域同样被划分成由不同灰度标示的 6 个部分，区域 1～3 是具有正截距的直线集合。假设 X 与 Y 分别表示应急处置中的资源需求量和资源储备量，则减法风险矩阵扩展形式中的 C 就可以表示应急处置的资源缺口。如图 5-1(b)所示，如果评估结果位于区域 1～3，则说明相比需求而言，资源的储备充足够用，因而其对应的应急处置行动应当可以顺利开展。而且，越靠近区域 1 说明储备越充裕，可以持续供给的资源越丰富。反之，若评估结果位于区域 4～6，则说明

与需求量相比，资源储备并不充足，相关的应急处置行动可能会受到影响，甚至无法顺利启动。这会显著影响到应急响应的质量。

5.2 减法风险矩阵扩展形式应用流程

减法风险矩阵扩展形式可表示为$C=Y-X$。减法风险矩阵扩展形式所适用的评估对象是两种具有相同性质的风险因素，并且它们的作用效果以相互抵消的形式存在。假设X与Y分别表示应急处置中的资源储备量和资源需求量，则减法风险矩阵扩展形式中的C就可以表示应急处置的资源缺口，$C=Y-X$表示的是资源缺口=资源需求总量 – 现有资源储备量。此外，减法风险矩阵扩展形式还能对很多其他种类的风险进行评估，如等待救援区域=总受灾区域 – 已救援区域等，同时还可对其他适合减法风险矩阵扩展形式的风险进行评估。事实上，在使用减法风险矩阵扩展形式的过程中，涉及的两种性质相同的风险因素在总的风险评价中的影响可能是不同的，因此有必要为两种风险因素设置各自的权重，则减法风险矩阵扩展形式可表示为

$$C=aY-bX \tag{5-2}$$

式中，a和b的大小取决于变量Y和变量X在风险评估中的影响程度。

以资源缺口=a 资源需求总量$-b$ 现有资源储备量为例，详细介绍减法风险矩阵扩展形式的应用流程。

第一步：对于评估结果C来说，它是综合变量X和变量Y的结果，首先需要对它所表示的风险等级进行划分。根据评估结果C所表示的风险大小，结合评估的具体情况需要，将其划分为n个不同的等级，用来表示不同的风险大小。对评估结果进行划分的依据主要从以下两方面进行考虑。

首先，等级划分要足够精细，不同的等级要能体现出风险大小的差异，否则就失去了划分不同等级的意义。

其次，考虑到具体评估工作量的可行性和可采取的措施差异，需要结合实际情况来决定等级划分。进行等级划分时不能一味地追求精细，而不考虑不同的等级是否都能对应存在不同的措施，如果划分的结果中，连续三个等级对应的可采取措施都一样，那么这样太过于精细的等级划分也就失去了意义。

进行风险评估和评估的结果都是服务于最终的决策过程，也就是说，不管如何进行等级划分，等级划分的结果都必须对措施的采取具有指导意义。

为了便于说明方法的应用流程，这里取 $n=3$，所对应的等级分别为“高”“中”“低”，对于每一个划分的等级，对应给出需要采取的应对措施，如表 5-1 所示。具体在应用过程中，可以根据实际情况和需要来确定 n 的取值和分别对应的等级描述。

表 5-1　资源缺口等级划分

序号	等级	描述	应对措施
1	高	应急救援物资缺口较大，现有物资远不能满足当前需求，后续仍需要大量补充	立即大量搜集和筹备应急物资，尽快进行应急物资的补充供应
2	中	应急救援物资缺口中等，现有物资能在一定程度上满足当前需求，后续仍需要一定量的补充	适当进行应急物资的搜集和筹备，根据需要及时进行应急物资的补充供应
3	低	应急救援物资缺口较小，现有物资基本能满足当前需求，后续视情况决定是否继续补充	视情况决定是否需要进一步搜集、筹备和供应应急物资

第二步：结合实际情况，使用专家打分法等方法确定变量 X 的取值区间，并对区间进行等级划分。

变量 X 是指资源储备量，也就是当前所储备的可使用资源总量。在突发事件应急处置过程中，所使用到的资源种类有很多，每种资源的数量也各不相同。在计算资源储备量时，根据不同情况，可以针对某一种资源进行评估，也可以针对某几种主要资源进行评估，还可以针对所有资源进行评估。以将所有资源纳入考虑为例，将所使用的各种资源按其价格转换成对应购买这么多资源所需要的资金数量，考虑到不同种资源获取的难度和时间不同，因此需要为每种资源设定一个权重系数 C_i，用来表示资源获取的难度；然后将这些资源的资金数量进行加权求和，从而得到变量 X 所表示的资源储备量总数。可用公式表示为

$$X=\sum_{i=1}^{n}C_iX_i \tag{5-3}$$

式中，n 表示所使用的资源种类数；X_i 表示投入的第 i 种资源折算成资金数量；C_i 表示第 i 种资源的权重系数。每种资源的权重系数可通过历史数据或其他数据获取，也可以在现有数据的基础上，邀请有经验的专家对物资需求最大量进行预估，即专家打分法，当然如果有其他合理的方式获得也是可以的。

对资源储备量进行等级划分，如表 5-2 所示。

表 5-2　资源储备量等级划分

序号	等级	描述
1	极低	储备的资源总量极少，根本无法满足突发事件的需求
2	较低	储备的资源总量较少，只能在很小程度上满足突发事件的需求，对于突发事件的应对处置作用甚微，急需后续大量补充
3	中等	储备的资源总量中等，能在一定程度上满足突发事件的需求，对于突发事件的应对处置和控制具有一定的作用，但仍需后续补充
4	较高	储备的资源总量较多，能在较大程度上满足突发事件的需求，对于突发事件的应对处置和控制具有较大的作用，后续需求较少
5	极高	储备的资源总量充足，能在很大程度上甚至完全满足突发事件的需求，对于突发事件的应对处置和控制具有决定性作用，后续几乎可以不再补充

第三步：结合实际情况，使用专家打分法等方法确定变量 Y 的取值区间，并对其进行等级划分。

变量 Y 是指在应急救援过程中各种资源的需求总量，采取和储备资源相同的处理方式，考虑到挽救对象、种类、难度不同，同样需要对不同种类被挽救的对象进行量化并加权求和，得到：

$$Y = \sum_{i=1}^{m} D_i Y_i \tag{5-4}$$

式中，m 表示所使用的资源种类数；Y_i 表示投入的第 i 种资源折算成资金数量；D_i 表示第 i 种资源的权重系数。每种资源的权重系数可通过历史数据或其他数据获取，也可以在现有数据的基础上，邀请有经验的专家对物资需求最大量进行预估，即专家打分法，当然如果有其他合理的方式获得也是可以的。

对资源需求量进行等级划分，如表 5-3 所示。

表 5-3　资源需求量等级划分

序号	等级	描述
1	极低	需求的资源极少，承灾体遭受破坏极小，救援几乎不需投入资源
2	较低	需求的资源较少，承灾体遭受破坏较小，救援只需投入少量资源
3	中等	需求的资源中等，承灾体遭受破坏中等，救援需投入一定资源
4	较高	需求的资源较多，承灾体遭受破坏较大，救援需投入大量资源
5	极高	需求的资源极多，承灾体遭受破坏极大，救援需投入的资源不可计

第四步：确定由变量组合 (X,Y) 共同产生的评估结果区间。

第五步：根据评估对象的具体情况，结合历史数据，使用专家打分法等方法确定变量 X 的取值大小。

第六步：根据评估对象的具体情况，结合历史数据，使用专家打分法等方法确定变量 Y 的取值大小。

第七步：根据现有数据，结合历史资料有关数据，使用专家打分法等方

法分别确定变量 X 和变量 Y 的权重系数 b 和 a；简单起见，这里取 $a=b=1$。

第八步：根据 $C=aY-bX$，以及变量 X 和变量 Y 的取值，确定评估结果 C 落在图 5-2 中的位置，从而根据所在区间得到评估结果。

第九步：根据评估结果，采取对应措施。

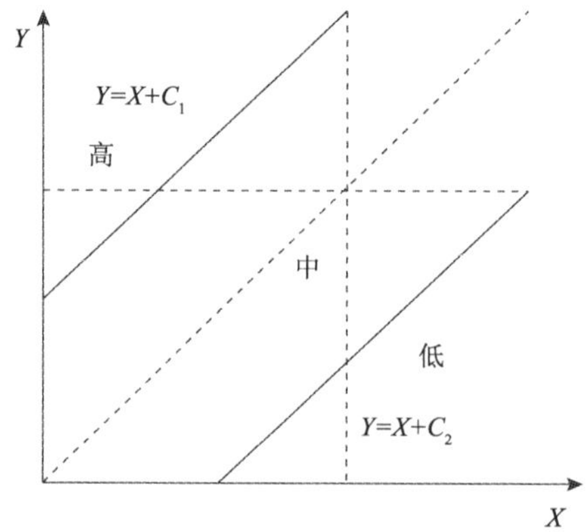

图 5-2 减法风险矩阵扩展形式图示

5.3 减法风险矩阵应用

突发事件尤其是突发自然灾害的发生会给人类的生命财产带来极大的威胁。尽管有些是人为因素导致的，但大多数往往是自然原因导致的，并且这类事件及其次生、衍生事件往往很难预测(于明璐，2015)。为了应对突发的非常规事件，储存一定数量的应急物资是关系国计民生的大事，具有重要的战略意义。然而，过量的物资储备又会在风险和管理上引发一系列问题。应急管理和应急决策中的一个重要问题就是研究如何在不违背成本-效益原则、最小-最大原则以及适当原则的前提下，进行科学有效的物资储备。

无论采取何种策略，一个基本的原则就是需要保证应急物资储备能完全满足一定时间和区域内的应急物资需求，即至少是储备等于需求并且努力以最小的物资储备成本求得最大的效益。在这种情况下，减法风险矩阵无疑是十分实用的一种风险矩阵扩展形式。本节就以突发水污染事件为背景，以应急物资储备评估为算例对减法风险矩阵进行介绍。

5.3.1 应急物资储备

虽然突发事件的类型不同，但还是不难发现它们的共同特征。一般来说，重大突发事件具有突发性、不确定性、扩散性、时效性和衍生性等。不可预见性是突发事件的显著特征之一(董立丽，2008)。不可预见性是指突发事件的突然爆发，其发生地点、时间、类型、危害程度等通常都是不可预测的，包括意外事件，这些事件往往具有很强的突发性并使得应急人员无法做出及时响应。突发事件往往发生在不确定的时间和地点，事前预测十分困难，且突发事件的类型、破坏模式和环境破坏能力很难确定，这些特性给预防工作和应急物资储备工作带来了极大的挑战与困难。

应急物资储备属于应急物流的研究范畴，而应急物流是应急管理的重要组成部分(陈丽君，2008)。随着学术界对突发事件应急管理和应对过程的研究逐渐深入，应急物流研究逐步发展。近年来，越来越多的学者专家开始意识到应急物资储备或者应急物资响应是应急管理的有形事先反应，是及时阻止灾害延续，消除并减缓灾害给人类带来损失的重要手段。

相对发达国家，我国应急物资管理研究尚处在发展初级阶段，缺乏经验积累，应急物资管理研究起步较晚，受关注程度较大的主要还是应急物资储备的战略理论和管理体系。近年来，在《中华人民共和国突发事件应对法》和《国家突发公共事件总体应急预案》的指导下，应急仓库建设速度显著提高，建设水平日益完善，越来越多的专家学者投身到应急物资管理实践中，并提出了许多极富建设性的理论方法。

发生突发事件时，科学合理的应急物资储备可以大大缩短救灾物资到达灾害现场所需的时间，缩短采购和处置时间，提高应急处置效率。目前，我国应急物资储备库建设主要是根据自然灾害的分布、交通可达性和当地经济发展水平，从省会城市确定十个中央级应急物资储备城市，每个城市的应急物资储备辐射面积需要考虑地理位置、区域经济、灾害类型、交通能力等因素。政策性方法是应急物资储备水平的主要研究方向，民政部于2009年颁布的《救灾物资储备库建设标准》中就明确指出，根据紧急转移安置人口的一定比例分别确定中央级(区域性)、省级、市级、县级储备库的救助物资的存储规模。

从纵向集成的角度进行划分，秦军昌和王刊良(2008)将应用于应急响应期和灾害恢复期的应急物资分别称为响应期物资与恢复期物资。根据《应急保障重点物资分类目录(2015年)》的规定，依据应急物资用途的不同，将应急物资分为13个大类59个品类(张丽杰等，2013)。在此基础上，张旭凤(2007)结合应急管理的运作，根据应急物资用途的不同进一步将应急物资分为生命救助、工程保障、工程建设和灾后重建，并建议结合应急物资费用、存储、使用风险以及物资储备的影响因素等制定不同的采购储备战略，进而提高应急管理效率，降低应急管理成本。应急物资的储备种类虽然各地有所不同，但以生活必需品和部分救灾应急指挥所需物资为主，常见的应急物资包括帐篷、棉被、睡袋、应急包、折叠床、移动厕所、救生衣、棉衣裤、方便食品、净水机、蜡烛、手电筒、药品、矿泉水以及少量简易的救灾工具等。当前，应急物资储备尚缺少更加细致的规划，涉及战略性库存储备和应急物资储备策略的研究较少。

5.3.2 应用流程分析

本小节以应急资源缺口=资源需求量−资源储备量为例，进一步介绍减法风险矩阵扩展形式的应用流程。

首先，对将要应对的突发事件对应急物资需求进行分类。常用的分类方法包括物资分类法和关键因素分析法。基于帕累托最优准则，物资分类法先计算不同应急物资品种比重和资金占用比重，然后根据比重对产品进行分类，最后根据不同的类别进行不同的管理。其核心思想在于关键的少数和一般的大多数，如对资金占用比重较大的A类产品，要精确预测需求并且严格控制库存，是库存控制中降低资金占用比重，提高仓库生产绩效的重点。而B类和C类产品由于资金占用比重较低，可以根据需要适当提高采购和库存数量，尤其是C类产品，由于品种多、价值低，可以按照经济订货批量模型大批量采购。

关键因素分析法则是根据物资在生产经营中的关键程度，对物料进行优先级的划分，通常的做法是将物资或者库存划分为4个优先级，即最高、较高、中等和较低优先级。为降低物料成本，提高管理效率，可根据不同的优先级别采取不同的管理方法，其分类标准如表5-4所示。

表5-4 最高、较高、中等和较低优先级物料分类方法

类别	最高优先级	较高优先级	中等优先级	较低优先级
物料特点	生产经营管理中的关键物资，不允许缺货	生产经营管理中的基础性物资，允许偶尔缺货	生产经营管理中比较重要的物资，允许合理范围内缺货	生产经营管理中需要但可替代的物资，允许缺货
管理要点	与供应商建立战略合作伙伴关系，保证供应	供应商多，可通过选择有价格优势的供应商来降低成本	可根据需要在合理范围内按照生产或销售计划进行订货	进行替代品选择，尽量降低物料成本

其次，确立应急物资需求水平。应急物资需求水平是减法风险矩阵中的输入变量 X。应急物资需求水平不仅受受灾人群人均需求的影响，还与灾害类型、当地受灾水平、受灾面积、受灾人口密度等诸多因素有关。

最后，确立应急物资储备水平。应急物资储备水平是减法风险矩阵中的输入变量 Y，在突发应急情况的初始阶段，应急物资储备数量应可以完全保证初始救援阶段应急物资的需求，否则就失去了应急物资储备的意义。此外，管理者应尽可能合理地考虑应急物资储备数量，有些应急物资储备十分关键，但这些应急物资对占用空间要求较高，所需的资金投入较大，保质期较短，需求量小，对这些关键应急物资的储备更需加强计划和管理。应急物资储备在一定条件下可以实现库存的互助和互补，应急物资储备水平除与应急物资的需求相关之外，还与储备库所在地区的经济状况、人口多少、灾害强度、交通通达能力有很大关系。

5.3.3 算例

某地区突发山洪灾害，因此需大量的应急物资，如急救药物、帐篷、食品及棉被等。短短三天时间，该地区一级应急物资储备库中的库存物资全部调空，但在实际工作中灾民仍需要大量的应急物资，尤以应急帐篷的需求缺口为大，在一定程度上给救灾带来了极大困难。应急帐篷是一种特殊的抢险救灾应急物资，在安置灾民的过程中不仅需求量较大，而且紧急程度较高。因此，抗洪救灾工作结束后，该地区应急管理部门组织专家进行论证，对应急帐篷的物资储备工作展开研究。

首先，对应急帐篷进行综合模糊评价，通过问卷调查和专家打分法确定物资重要性、时效性、稀缺性、物资成本的权重分别为 0.29、0.35、0.21、0.15，可知时效性>重要性>稀缺性>物资成本。同理，为进一步确定二级指标权重可以在一级指标下构建二级指标体系。然后，根据减法风险矩阵扩展形式，设定本算例中应急帐篷缺口为 C，应急帐篷需求量为 Y，现有应急帐篷储备量为 X。从成本角度考虑，假设每顶应急帐篷的单价越低，则需求量和储备量越高。根据当地政府的受灾风险和财政能力，可以设定不同的 b 值，以便求得不同情况下的应急帐篷实际储备量，并根据减法风险矩阵扩展形式进行计算，不同情况下的应急帐篷实际需求量与储备量对比如表 5-5 和图 5-3 所示。

表 5-5　不同情况下的应急帐篷实际需求量与实际储备量对比

帐篷单价/元	实际需求量/顶	实际储备量/顶(b=1.00)	b=0.98	b=0.99	b=1.02	b=1.03
150	120 000	105 250	103 145	104 197.5	107 355	108 407.5
155	119 000	104 750	102 655	103 702.5	106 845	107 892.5
165	118 000	104 250	102 165	103 207.5	106 335	107 377.5
170	117 000	103 750	101 675	102 712.5	105 825	106 862.5
175	116 000	103 250	101 185	102 217.5	105 315	106 347.5
180	115 000	102 750	100 695	101 722.5	104 805	105 832.5
185	114 000	102 250	100 205	101 227.5	104 295	105 317.5
190	113 000	101 750	99 715	100 732.5	103 785	104 802.5
195	112 000	101 250	99 225	100 237.5	103 275	104 287.5
200	111 000	100 750	98 735	99 742.5	102 765	103 772.5
205	110 000	100 250	98 245	99 247.5	102 255	103 257.5
210	109 000	99 750	97 755	98 752.5	101 745	102 742.5
215	108 000	99 250	97 265	98 257.5	101 235	102 227.5

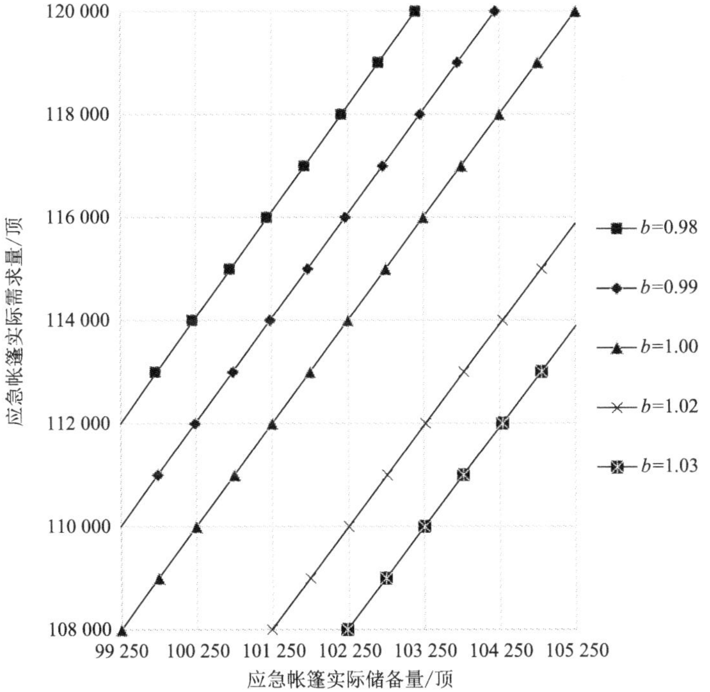

图 5-3　不同情况下的应急帐篷实际需求量与实际储备量对比

5.4 本章小结

本章对风险矩阵的扩展形式之一，即减法风险矩阵进行了介绍。首先，定义了减法风险矩阵的概念、适用范围和图形表现形式；其次，对减法风险矩阵扩展形式的使用步骤和应用流程加以详细介绍；最后，以应急物资储备水平风险评估为案例，运用减法风险矩阵对应急物资储备水平进行了分析和评估。

第 6 章　乘法风险矩阵

本章对乘法风险矩阵的概念，以及乘法风险模型的建立、应用流程等进行介绍。在此基础上，以企业风险分析为案例，对乘法风险矩阵的具体应用进行详细阐述和介绍。

6.1　乘法风险模型概况

乘法风险模型由双曲线簇 $XY = C_i$ 所分割的一些不规则形状的区域构成。其中，不同的 C_i 代表不同的双曲线。

图 6-1 列示了乘法风险矩阵扩展形式的一种可能的图形分区样式，整个区域被划分为由不同灰度标示的 6 个部分。区域 1～6 的演进代表了被评估客体风险危害程度的从轻至重。区域 6 风险危害最为严重，是首先要关注的区域，区域 1 风险危害最轻，是可以暂且忽略的部分。

假设 X 表示应急物资的储备量，而 Y 表示其不合格率，则乘法风险矩阵扩展形式中的 C 代表应急物资储备中的无效量。因此，距离原点越远的点，其代表的应急物资储备的无效量越大，应该给予高度关注。距离原点越远，说明该点代表的日常应急准备工作存在明显漏洞，导致大量应急物资无法被正常使用和消耗。一方面，该点的存在说明大量应急资金和资源被浪费；另一方面，一旦灾害发生，这类被评估客体(可以是机构、场所或区域)很可能会出现应急物资储备不足的情况，从而造成应急反应时间的增加，很难有效地缓解灾情。

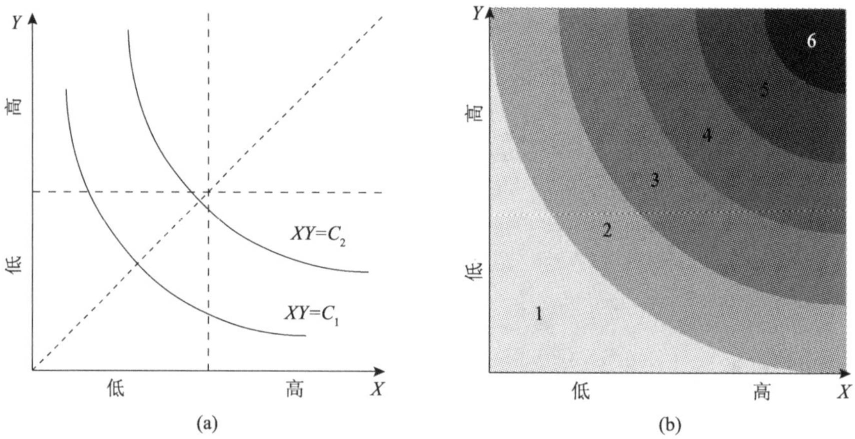

图 6-1　乘法风险模型图示

6.2　乘法风险矩阵扩展形式应用流程

乘法风险矩阵扩展形式可表示为$C=XY$。乘法风险矩阵扩展形式一般适用于具有不同性质的两种风险因素，并且二者的作用效果是相互促进的风险评估。符合乘法风险矩阵扩展形式的情况有很多，如假设X表示应急物资的储备量，Y表示其不合格率，则乘法风险矩阵扩展形式中的C代表应急物资储备中的无效量，那么$C=XY$则表示应急物资储备中的无效量=应急物资储备量×不合格率。此外，乘法风险矩阵扩展形式还能对很多其他种类的风险进行评估，如某事件损失大小期望值=该事件发生的可能性×事件会造成的损失大小、农田总受灾损失=单位面积受灾损失×总受灾面积，同时还能对其他适合乘法风险矩阵扩展形式的风险进行评估。

以应急物资储备中的无效量=应急物资储备量×不合格率为例，详细介绍乘法风险矩阵扩展形式的应用流程。

第一步：对于评估结果 C 来说，它是综合变量 X 和变量 Y 的结果，需要对其所表示的风险等级进行划分。根据评估结果 C 所表示的风险大小，结合评估的具体情况需要，将其划分为 n 个不同的等级，以表示不同的风险大小。对评估结果进行划分的依据主要从以下两方面进行考虑。

首先，等级划分要足够精细，不同的等级要能体现出风险大小的差异，否则就失去了划分不同等级的意义。

其次，考虑到具体评估工作量的可行性和可采取的措施差异，需结合实际情况决定等级划分。进行等级划分时不能一味地追求精细，而不考虑不同的等级是否都能对应存在不同的措施，如果划分的结果中，连续三个等级所对应的可采取措施都一样，那么这样太过于精细的等级划分也就失去了意义。

进行风险评估以及评估的结果都是服务于最终的决策过程，也就是说，不管如何进行等级划分，等级划分的结果都必须对措施采取具有指导意义。

为了便于说明方法的应用流程，这里取 $n=3$，所对应的等级分别为“高”“中”“低”，对于每一个划分的等级，对应给出需要采取的应对措施，如表 6-1 所示。具体在应用过程中，可以根据实际情况和需要来确定 n 的取值和分别对应的等级描述。

表 6-1　应急物资储备不合格量风险等级划分

序号	等级	描述	应对措施
1	高	大量应急物资变质或损坏，造成严重损失	全面检查储存环境，找出不利因素，对不利储存因素进行彻底排除，对管理人员进行培训，及时更换过期变质的应急物资，必要时转移物资、更换管理人员
2	中	部分应急物资变质或损坏，造成一定经济损失	全面检查储存环境，对不利储存因素进行彻底排除，及时更换过期变质物资
3	低	少量应急物资变质或损坏，造成的经济损失很小或可忽略	定期检查应急物资和储存环境，及时更换过期变质物资，改善不利储存环境

第二步：结合实际情况，使用专家打分法等方法确定变量 X 的取值区间，并对区间进行等级划分。

变量 X 是指应急物资储备量，也就是储备的应急物资总量。不同地点和不同情况所储备的应急物资数量并不一样，交通便利、物资丰富的地区，在突发事件发生后能在很短的时间内筹集到足够的应急物资，因此储备的应急物资可能较少；而交通不便或某些物资供应不足的地区，在突发事件发生后很难在短时间内获得足够的应急物资，因此储备的应急物资可能相对较多。

不同突发事件所需要的应急物资种类和数量各不相同，因此如果直接考察应急物资储备的绝对数量没有实际意义，这里用应急物资相对储备量进行评估。应急物资相对储备量是指与突发事件发生后所需要的应急物资需求最大量相比，已经储备了的应急物资量，可以定义：应急物资相对储备量=现有应急物资储备量/应急物资需求最大量×100。其中，现有应急物资储备量是已知变量，应急物资需求最大量可通过历史数据或其他数据获取，也可以在现有数据的基础上，邀请有经验的专家对应急物资需求最大量进行预估，即专家打分法，当然如果有其他合理的方式获得也是可以的。

对应急物资相对储备量进行等级划分，如表 6-2 所示。

表 6-2　应急物资相对储备量等级划分

应急物资相对储备量	等级	描述
0～10	极低	应急物资相对储备量极少，甚至没有储备，根本无法满足突发事件的需求
10～30	较低	应急物资相对储备量较少，只能在很小程度上满足突发事件的需求，对于突发事件的应对处置作用甚微，急需后续大量补充
30～60	中等	应急物资相对储备量中等，能在一定程度上满足突发事件的需求，对于突发事件的应对处置和控制具有一定的作用，但仍需后续补充
60～80	较高	应急物资相对储备量较多，能在较大程度上满足突发事件的需求，对于突发事件的应对处置和控制具有较大作用，后续需求较少
80～100	极高	应急物资相对储备量充足，能在很大程度上甚至完全满足突发事件的需求，对于突发事件的应对处置和控制具有决定性作用，后续几乎可以不再补充

第三步：结合实际情况，使用专家打分法等方法确定变量 Y 的取值区间，并对其进行等级划分。

变量 Y 是指储备的应急物资不合格率，也就是因存储不当或其他原因导致物资变质或损坏的比例。因此，变量 Y 的取值区间为[0,1]，同样对其进行等级划分，如表 6-3 所示。

表 6-3　应急物资不合格率等级划分

应急物资不合格率	等级	描述
0.0～0.1	极低	因偶然因素或不可避免因素造成极少量应急物资不合格
0.1～0.3	较低	因存储管理等因素造成少量应急物资不合格，但并没有带来重大损失
0.3～0.5	中等	因存储管理不善导致中等应急物资不合格，如果不加以改善，将会影响突发事件应急救援过程
0.5～1.0	较高	物资储存管理出现严重问题，导致大量应急物资不合格，造成一定损失，如果不彻底改善储存管理条件，将严重影响应急救援过程

第四步：确定由变量组合 (X,Y) 共同产生的评估结果区间，如图 6-2 所示。

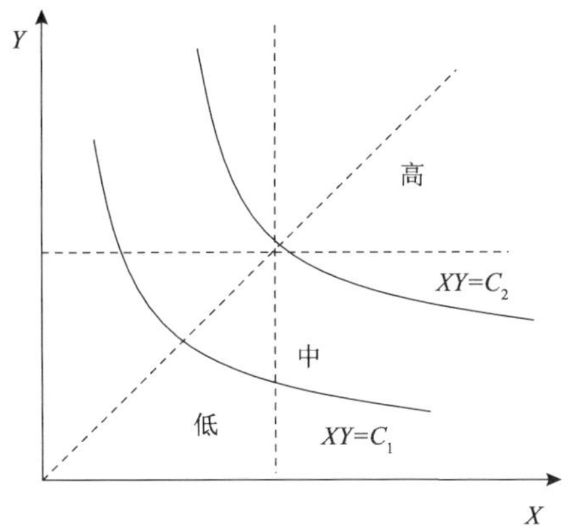

图 6-2　乘法风险矩阵扩展形式图示

第五步：根据评估对象的具体情况，结合历史数据，使用专家打分法等方法确定变量 X 的取值大小。

第六步：根据评估对象的具体情况，结合历史数据，使用专家打分法等方法确定变量 Y 的取值大小。

第七步：根据 $C=XY$，以及变量 X 和变量 Y 的取值，确定评估结果 C 落在图 6-2 中的位置，从而根据所在区间得到评估结果。

第八步：根据评估结果，采取对应措施。

6.3 乘法风险矩阵应用

本节将乘法风险矩阵分析方法运用到企业风险分析中，通过实例进一步阐释乘法风险矩阵的应用。

根据国家安全生产监督管理总局事故查询系统可查询到的数据，2009～2013 年国家安全生产监督管理总局对外公布的煤矿死亡事故共 531 起，死亡 3468 人(姚岚，2015)。2009～2010 年，我国煤矿安全生产事故数量呈增长趋势，死亡人数最多(姚岚，2015)。2011～2013 年，煤矿安全生产事故逐年减少，2013 年事故数量和死亡人数同比 2009 年分别下降了 41.6%和 43.8%(姚岚，2015)。我国煤矿安全生产形势正在逐渐好转，百万吨死亡率逐年下降，行业整体安全状况有了较大幅度的提高。与世界先进产煤国家相比，我国煤矿百万吨死亡率仍然是先进国家的 10 倍，可见我国煤炭行业安全形势依然相当严峻(姚岚，2015)。

在众多煤矿安全生产事故中，除了人为因素，技术、设备、环境等也对事故的发生有较大影响。随着科学技术与日俱进，设备的性能不断进步，运行环境日益完善，单纯由机器设备等硬件因素造成的事故比例已经降到较低水平，而人的不安全行为等因素导致的生产事故成为主流。

对 2013～2016 年 52 起煤矿安全生产事故进行深入分析，可以发现人因风险事故的案例比比皆是。在大多数情况下，煤矿安全生产事故的发生一般都是由人的素质和组织管理缺失造成的。由表6-4可知，煤矿安全生产事故在我国不同地区均有发生，对生命财产造成了巨大的损失。

表6-4 52起煤矿安全生产事故分析

序号	时间	事件
1	2016-04-03	新疆喀什地区莎车县天利煤矿发生顶板事故
2	2015-12-17	黑龙江七台河市龙煤集团七台河矿业公司新兴煤矿发生中毒与窒息事故
3	2015-11-28	黑龙江鸡西市鸡东县福源煤矿发生一起较大瓦斯(燃烧)事故
4	2015-11-20	黑龙江鸡西市龙煤集团鸡西矿业公司杏花煤矿发生重大火灾事故
5	2015-11-11	广西河池市宜州市安庆煤业有限责任公司冲谷六号井发生透水事故
6	2015-11-06	贵州毕节市金沙县贵州大西南矿业有限公司贵源煤矿五号井发生中毒与窒息事故
7	2015-10-09	江西上饶市上饶县永吉煤矿发生重大瓦斯爆炸事故
8	2015-09-06	福建三明市将乐县一煤矿发生冒顶片帮事故
9	2015-08-11	贵州黔西南布依族苗族自治州普安县楼下镇贵州丰联矿业有限公司政忠煤矿发生中毒与窒息事故
10	2015-08-04	重庆綦江县龙狮煤业有限公司后溪煤矿发生中毒与窒息事故
11	2015-07-20	山西临汾地区蒲县潞安矿业集团一煤业有限公司一煤矿发生冒顶片帮事故
12	2015-06-30	福建三明市大田县一煤矿发生透水事故
13	2015-06-21	湖北恩施土家族苗族自治州利川市一煤矿发生透水事故
14	2015-06-19	辽宁丹东市凤城市一煤矿发生瓦斯爆炸事故
15	2015-06-07	山西晋中市平遥县一煤矿发生中毒与窒息事故
16	2015-05-26	辽宁阜新市清河门区一煤矿发生冒顶片帮事故
17	2015-05-11	云南曲靖市沾益县一煤矿发生顶板事故
18	2015-05-01	达州市达川区一煤矿发生瓦斯爆炸事故
19	2015-04-27	四川乐山市沙湾区一煤矿发生瓦斯爆炸事故
20	2015-04-25	黑龙江鸡西市城子河区一煤矿发生机械伤害事故
21	2015-04-19	山西大同市南郊区大同煤矿集团大同地方煤炭有限责任公司一煤矿发生透水事故
22	2015-04-05	黑龙江七台河市新兴区一煤矿发生透水事故
23	2015-02-28	江西乐平矿务局涌山煤矿发生煤与瓦斯突出事故

续表

序号	时间	事件
24	2015-01-30	安徽淮北矿业集团公司一煤矿发生突水事故
25	2014-12-26	黑龙江牡丹江市一煤矿发生冒顶事故
26	2014-12-15	山东济南李福煤矿有限公司发生一起放炮引起的爆炸事故
27	2014-11-27	贵州六盘水市盘县松林煤矿发生一起重大瓦斯爆炸事故
28	2014-11-18	黑龙江牡丹江市穆棱市宏盛煤矿发生顶板事故
29	2014-11-12	重庆奉节县天赐矿业有限公司寨官煤矿发生瓦斯爆炸事故
30	2014-10-30	湖北宜昌市秭归县磨坪乡朝阳煤炭有限责任公司沙坡煤矿发生瓦斯窒息事故
31	2014-10-24	新疆乌鲁木齐市米东区米泉沙沟煤矿发生大面积冒顶事故
32	2014-10-05	贵州毕节市黔西县永贵能源开发有限责任公司新田煤矿发生瓦斯事故
33	2014-09-04	黑龙江双鸭山市双新煤炭有限责任公司新久煤矿发生瓦斯爆炸事故
34	2014-08-19	安徽淮南市谢家集区东方煤矿发生瓦斯爆炸事故
35	2014-08-14	黑龙江鸡西市城子河区安之顺煤矿发生透水事故
36	2014-08-13	湖北恩施土家族苗族自治州巴东县一煤矿发生透水事故
37	2014-08-13	贵州毕节市织金县一煤矿发生瓦斯事故
38	2014-07-15	内蒙古鄂尔多斯市鄂托克旗新胜露天煤矿发生炸药爆炸事故
39	2014-07-05	黑龙江鹤岗市一煤矿发生顶板事故
40	2014-06-16	新疆吐鲁番地区一煤矿发生运输事故
41	2014-06-15	湖南怀化市辰溪县双木湾煤矿发生透水事故
42	2014-06-11	贵州六枝工矿(集团)有限责任公司新华煤矿发生煤与瓦斯突出事故
43	2014-06-03	重庆南桐矿业有限责任公司砚石台煤矿发生瓦斯爆炸事故
44	2014-05-18	河南郑州市登封市金丰煤业集团有限公司向阳煤矿发生一起顶板事故
45	2014-05-14	陕西榆林市榆阳区中煤大海则煤矿发生溜灰管坠落事故
46	2014-05-13	吉林白山市江源区松树镇立成矿业有限责任公司宏达煤矿发生瓦斯事故
47	2014-05-11	黑龙江龙煤集团双鸭山分公司安泰煤矿发生顶板垮落事故
48	2014-04-18	贵州六盘水市盘县湾田煤矿井下综采面发生煤与瓦斯突出事故
49	2014-04-07	云南曲靖市麒麟区黎明实业有限公司下海子煤矿一采区工作面放炮引发透水事故

续表

序号	时间	事件
50	2014-03-27	河南能源化工集团义煤公司千秋煤矿发生冲击地压事故
51	2014-03-15	陕西安康市镇坪县张家坪煤矿发生一起顶板事故
52	2013-12-22	河南郑州巩义市河南大峪沟煤业集团有限责任公司一煤矿发生透水事故

资料来源：整理自国家煤矿安全监察局事故查询系统

由表 6-4 可知，目前，导致我国煤矿安全生产事故发生的因素发生着相当大的变化。随着科技的不断发展，导致煤矿安全生产事故发生的技术、设备、环境等方面的因素已渐渐得到控制，而人的因素却逐渐显露出来，特别是个人因素、班组因素、组织管理因素等，是导致煤矿安全生产事故发生的主要原因。

6.3.1　企业风险研究概述

1919 年，格林伍德(Greenwood)和伍兹(Woods)在对多起工厂伤害事故资料进行分析的基础上，通过泊松分布、偏倚分布、非均等分布三种统计方法，提出了事故倾向性理论(王成恺，1995)。1939 年，法默(Farmer)和钱伯(Chamber)对这一理论进行了补充(王成恺，1995)。该理论认为，从事同样的工作和在同样的工作环境下，某些人比其他人更易发生事故，这些人被称作事故倾向者，他们的存在会增加生产事故发生的概率(郭飞，2018)。如果能在人的性格特点上进行区分，对这一类事故倾向者不予雇用，则可以减少生产事故的发生(郭飞，2018)。虽然从目前的视角来看这一理论并非完全正确，但至少说明人的因素是最早被事故理论确认的因素。

目前，研究中较成熟的事故致因理论包括海因里希(Heinrich)因果连锁理论、伯德(Bird)因果连锁理论、轨迹交叉理论、能量观点连锁理论、变化失误连锁理论。这些理论涉及人的因素、组织的因素，并且分别从不同程度和不同角度指出了风险管理中的人因风险。

大多数学者认为，事故的直接原因只有两个，即人的不安全行为和物的不安全状态；而事故的间接原因则有不同的划分(范贤涛等，2016)。例如，日本学者北川彻三在其《安全工程学基础》一书及其作为编辑委员会委员长的《安全技术手册》一书中将事故的间接原因归纳为以下八种：①技术原因；②教育原因；③身体原因；④精神原因；⑤管理原因；⑥学校教育原因；⑦社会原因；⑧历史原因(北川彻三，1984)。其中，最常见的有技术原因、教育原因和管理原因三种，身体原因和精神原因相对较少出现，这前五种间接原因中，管理原因是基础(北川彻三，1984)。

实践证明，在风险管理的过程中，只重视设备和设施的先进性远远不够；早期的风险研究往往局限于硬件故障模式和失效机理方面的探讨，经过长期的实践研究，越来越多的专家已逐渐认识到非硬件因素，特别是人的因素在风险管理领域发挥的作用日渐凸显。

6.3.2 应用流程分析

本节介绍如何运用乘法风险矩阵方法识别煤矿企业人因风险，并判断相关风险指数。风险矩阵通常应用于企业的风险管理与评价，通过风险矩阵方法，确定事故发生的概率和烈度，两者相乘得到最后的风险值。

在探究风险矩阵方法之前，下面对人因风险产生的原因进行概述。

人因风险的产生受多种因素相互作用的影响。从人的行为方面来看，人的行为、性情是复杂多变的，不仅受个人经历、教育水平、文化背景的影响，而且受其安全意识水平的调节，被思维、情感、意志等心理活动所支配。同时，个体行为也受社会和国家的价值观、道德观的影响。因此，多种因素的相互作用，包括内因和外因，共同影响着人因风险。内因一般是指个人的心理因素、生理因素、素质因素；外因一般是指除内因以外的因素，包括有形的环境因素和无形的文化因素、管理因素。根据人因风险因素之间千丝万缕的联系，可用图 6-3 表示人因风险因素产生的原因。

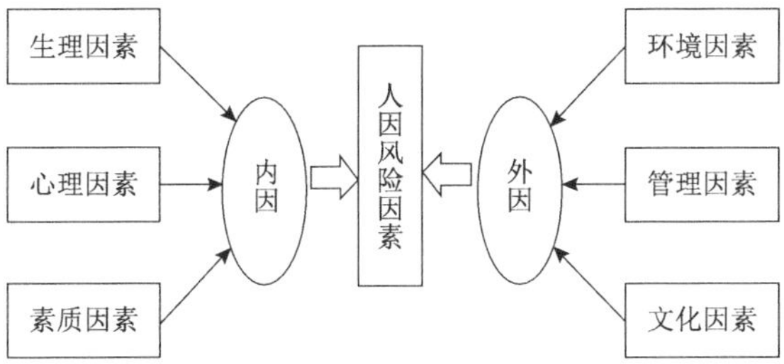

图 6-3 人因风险因素的产生原因

根据研究对象的不同，可将人因风险因素分为以下几类。

(1) 人员风险因素

人员风险因素主要是指人的心理、生理、行为能力、综合素质等方面在主观和客观上的表现。与外国相比，我国煤矿从业人员的综合素质偏低，虽通过技术培训、安全教育等形式逐步缩小了这一差距，但情况仍不乐观。主要表现在：煤矿从业人员缺乏安全知识和技能，人员的学历水平与知识水平普遍偏低，专业技术人才总量少，且结构与队伍分布不合理；面向员工的教育培训不足，培训或缺位或流于形式，培训方法和内容单一，不规范培训如无证上岗、上岗证超期等现象常见；员工安全意识淡薄，责任心不足，不重视自身和他人生命安全。这些因素导致了在实际操作中不安全现象频发，如误操作、不规范操作、违章操作等；指挥人员的现场指挥存在指挥失误、违章指挥的现象。另外，失职、渎职，带病工作、疲劳工作，以及心理异常，如过度兴奋或紧张、焦虑等也是人因风险因素的表现。

(2) 班组风险因素

班组管理的缺失是班组存在风险因素的主要原因。班组风险管理方面的风险因素包括：未对员工加强技能训练；未能提高员工安全意识；未能对设备、材料、作业方法做有效的管理；班组文化、沟通、制度的缺失等。

6.3.3 算例

人因风险是当前引发煤矿安全生产事故的主要诱因之一，人因风险主要表现为人的不安全行为，也可理解为人为失误，控制人因风险是减少或预防煤矿安全生产事故的关键所在。因此，通过研究煤矿企业人的不安全行为和人为失误，对煤矿企业的安全生产有着重要的现实意义。下面对煤矿安全生产事故中的人因风险进行具体分析。

在煤矿企业安全生产过程中，在复杂的系统中，人的不安全行为主要体现在个人、班组、组织三个层面。因此，对人因风险进行机理分析也应从个人、班组、组织三个层面入手。

1)个人。作为与工作接触的直接载体，一线员工的行为直接或间接地受环境、生理素质、心理素质、认知能力的影响，这些因素的共同作用决定了一线员工的行为。

2)班组。班组在企业中起着承上启下的作用，它由一线员工组成，同时又在组织内部。班组在组织中起着很重要的作用，同时也是促使不安全行为的诱因之一。班组内的员工之间是紧密联系的，他们之间形成的班组关系对于安全生产和最终完成生产任务具有重大影响，对生产、完成任务起着重要作用。因此，班组内人员组成不合理、沟通反馈不及时、任务超负荷、文化建设缺失、职责划分不清等因素都会对员工的不安全行为产生重大影响。

3)组织。组织是整个系统关系的载体和中介，可使一线员工之间、一线员工与班组之间、班组与班组之间、班组与组织之间得到有效沟通。良好的组织可使各个职能部门有效地完成目标和任务。但是组织结构设置不合理、组织得不尽如人意、组织设计不科学、信息交流不畅、安全生产目标排序错乱、决策失误、管理控制不当等因素都会导致人的不安全行为的出现。

在煤矿企业的安全生产中，人的不安全行为和人为失误既可能直接出现在个人、班组、组织这三个层面上，也可能由这三个层面的关系间接导致产生。同时，组织的人为失误有可能直接影响到班组、个人的行为。煤矿生产安全事故人因风险产生机理如图 6-4 所示。

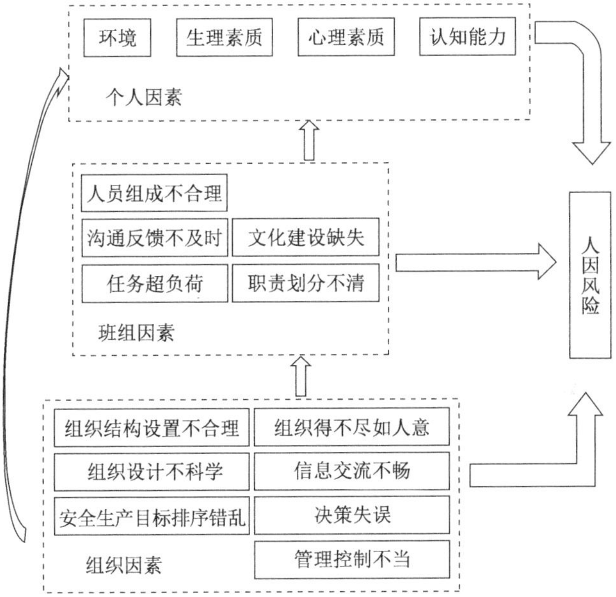

图 6-4　煤矿生产安全事故人因风险产生机理示意图

由 52 起煤矿安全生产事故可知，大多数煤矿安全生产事故的根源都是由人的不安全行为和人为失误引发的，是个人因素、班组因素、组织因素三方面共同作用的结果。在分析煤矿安全生产事故产生的原因时，发现有关政府部门的失职对人因风险的产生也有间接作用。煤矿安全生产事故人因风险影响因素如表 6-5 所示。

表 6-5 煤矿安全生产事故人因风险影响因素

影响因素	描述
个人因素	缺乏安全知识和技能；教育培训不足；安全意识淡薄；现场指挥能力不足；生理素质、心理素质较差；未依照规定履行自己的职责
班组因素	现场管理混乱、不到位；班组文化、教育不足；岗位标准建设、人员组成不合理；对违章作业行为未能及时制止；技术、措施管理落实不到位或薄弱
组织因素	责任不明确、责任制度和主体不到位；无证经营、违法生产经营；缺乏监督、检查不力；隐患排查、整改不到位；审核、验收、认证不到位

除了以上内因，还要考虑外因的存在，如政府和监管部门履行职责不到位、对安全生产不够重视、监管不到位等。

在了解安全生产事故人因风险的产生机理和影响因素之后，可进一步利用风险矩阵图评估风险等级。风险矩阵图是一种应用较广的风险评估工具，多用于分析评估对象的潜在风险大小，是一种半定量的分析方法。具体操作步骤如下：

1)列出评估对象的所有潜在问题。

2)估计这些潜在问题发生的概率，可按低、中、高分级，也可按数字 0～10 排序。

3)估计这些潜在问题发生后对整个煤矿安全生产的影响，同样地，可按低、中、高分级，也可按数字 0～10 排序。

4)在风险矩阵图上找到评估对象所处的区域。

区域 1～4 的风险等级依次表现为低、中、高、极高。风险矩阵图给出四种分类：如潜在风险出现在区域 4，则应尽可能地阻止其发生，但如果阻止其发生的成本超出可接受范围，则考虑放弃执行该生产项目；如潜在风险出现在区域 3，则应在可接受的合理费用内采取措施阻止其发生；如潜在风险出现在区域 2，应采取措施阻止其发生或尽可能地降低潜在问题发生后造成的影响；如潜在风险出现在区域 1，则应做好应急准备，一旦事故发生即采取措施。风险矩阵如图 6-6 所示。

概率 \ 烈度	一般	较大	重大	特大
很可能	2	3	4	4
可能	2	2	3	4
偶然	1	2	2	3
一般	1	1	2	2

图 6-5 风险矩阵图

乘法风险矩阵可以用 $h=p\times c$ 进行风险分析。在进行风险分析的过程中，主要涉及的变量包括 p、c、r 等，具体变量含义如表 6-6 所示。

表 6-6 风险分析变量

变量	含义
p	风险发生的概率
c	风险烈度
r	风险大小
h	风险矩阵输出值，$h=p\times c$
o	序数，根据输出值大小进行排序，序数越小，风险越大
M_i	中心度，指因素在系统中的重要度，中心度越大，因素重要度越高
N_i	表示该致因因素与其他致因因素的因果逻辑关系程度。若为正，表示该因素对其他因素的影响大；若为负，表示该因素受其他因素的影响大

随机抽取 50 起煤矿安全生产事故为样本，通过风险识别，确定煤矿存在以下风险事故：顶板事故、透水事故、瓦斯爆炸事故、煤与瓦斯突出事故、水害事故、瓦斯窒息事故、运输事故、其他事故(刘刚等，2014)。在这 50 起煤矿安全生产事故中不同风险事故的分布情况如图 6-6 所示。

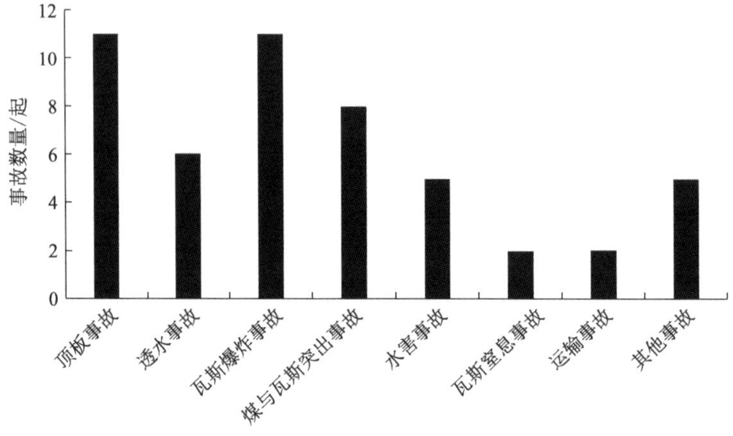

图 6-6 风险事故类型数量统计

在风险识别的基础上，对识别出的风险采用风险矩阵方法进行分析，得到风险指数，对识别的风险进行排序，确定危险性较大的风险。识别出的 8 种风险分别为 R_1 顶板事故、R_2 透水事故、R_3 瓦斯爆炸事故、R_4 煤与瓦斯突出事故、R_5 水害事故、R_6 瓦斯窒息事故、R_7 运输事故、R_8 其他事故。

首先对烈度 c 和概率 p 进行分级。烈度 c 用[0.0,1.0]、[1.1,2.0]、[2.1,3.0]、[3.1,4.0]分别表示一般、较大、重大、特大。概率 p 用[0.00,0.10]表示一般、[0.11,0.40]表示偶然、[0.41,0.80]表示可能、[0.81,1.00]表示很可能。对每个事故风险的概率和烈度进行估计，结果如表 6-7 所示。

表 6-7 风险矩阵分析结果

风险	p	c	r	h	o
R_1	[0.41,0.60]	[3.1,4.0]	高	1.7500	1
R_2	[0.21,0.40]	[1.1,2.0]	中	0.4500	5
R_3	[0.41,0.70]	[2.1,3.0]	高	1.3750	2
R_4	[0.31,0.40]	[1.1,3.0]	中	0.8750	4
R_5	[0.05,0.10]	[1.1,2.0]	低	0.1125	10
R_6	[0.05,0.10]	[1.1,2.0]	低	0.1125	10
R_7	[0.21,0.40]	[2.1,4.0]	高	0.9000	3
R_8	[0.01,0.10]	[1.1,2.0]	低	0.0750	12

在具体评估过程中，除了要得到具体的评估值，还要对所有风险进行比较与排序，因此需要一个能将区间数与确定数联系起来进行比较的工具。此处借助映射算子将区间与具体的数值联系起来。$w(a)$表示区间$[a_1,a_2]$的宽度；$m(a)$表示区间的中数，$M(a)$表示映射算子。

$$w(a)=a_2-a_1 \tag{6-1}$$

$$m(a)=\frac{1}{2}(a_2+a_1) \tag{6-2}$$

$$M(a)=m(a)+aw(a),\{a\subset[-0.5,0.5]\} \tag{6-3}$$

根据式(6-1)～式(6-3)，对表 6-7 中的算例数据进行计算，可得到 R_1、R_3、R_7 的风险指数为高；R_2、R_4 的风险指数为中；R_5、R_6、R_8 风险指数为低。根据输出值对识别出的风险进行排序，结果如表 6-7 所示。

在风险识别的基础上，综合风险矩阵和映射算子得到每起事故的风险指数，并对其风险进行排序。由表 6-7 可知，在识别出的 8 种风险中危险性最大的为顶板事故、瓦斯爆炸事故、运输事故，如图 6-7 所示。

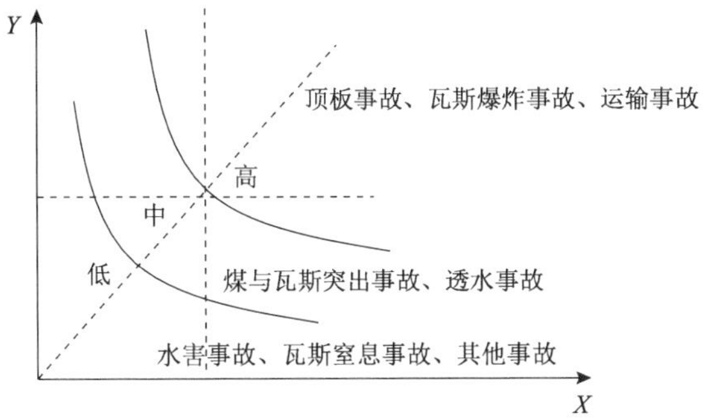

图 6-7　企业安全事故乘法风险矩阵分布图

综上可知，煤矿企业应该针对顶板事故、瓦斯爆炸事故、运输事故做出预防控制。

通过收集的 50 起煤矿安全生产事故，整理了国内外煤矿安全生产事故的相关资料。结合建立评价指标体系的原则，初步构建煤矿安全生产事故人因风险评价指标体系，包括个人因素、班组因素、组织因素等指标。运用乘法风险矩阵方法对煤矿安全生产事故进行人因风险分析，根据分析结果找出影响煤矿安全生产事故的重要人因风险因素，从而有效提高煤矿企业的安全生产效率。

6.4 本章小结

在对风险进行评估时，通常会采用乘法风险矩阵分析方法对风险进行评估，这种方法简便明确，使用者可参照统一公式进行计算即可得到所需结果，因此乘法风险矩阵方法在综合风险分析中得到了广泛采用，本章以煤矿安全生产事故中的人因因素分析为例，详细介绍了乘法风险矩阵的应用流程。

第 7 章　除法风险矩阵

本章对除法风险矩阵的概念，以及除法风险模型的建立、应用流程等进行介绍。之后，以评估应急避难场所效率为例，详细介绍除法风险矩阵的应用流程，同时展示除法风险矩阵相比传统风险矩阵的优势所在。

7.1　除法风险模型概况

本节介绍的除法风险模型，其除法公式计算得到的输出结果实际上是两个变量的比值。因此，可得到以下结论：具有相同评估值的结果应当落在同一条经过原点的直线上。如图 7-1(a)所示，直线 $Y=C_1X$ 正是由所有比值结果为 C_1 的变量 X、Y 所组成。显然，随着直线斜率 C 的不断增大，评估值也会随之逐渐增大。而直线 $Y=X$ 将整个区域划分成两个部分。左侧区域的直线斜率均大于 1，右侧区域的直线斜率均小于 1。因此，图 7-1(a)上位于直线 $Y=C_2X\ (C_2>1)$ 上的评估值均大于所有位于直线 $Y=C_1X\,(C_1<1)$ 上的评估值。根据以上分析，除法风险矩阵扩展形式的图形分区应该是由直线 $Y=C_iX$

所分割成的不同形状的三角形区域。每一个 C_i 对应一条直线。图 7-1(b)列示了除法风险矩阵扩展形式的一种可能的图形分区样式，整个区域同样被划分成由不同灰度标示的 6 个部分。

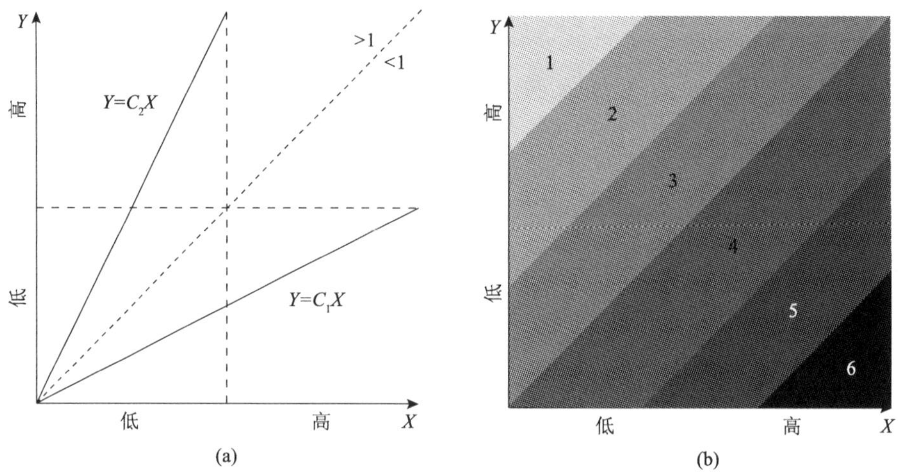

图 7-1 除法风险模型图示

假设 Y 和 X 分别代表由于应急处置行动挽回的损失和此次行动本身所投入的资源，则除法风险矩阵扩展形式中的 C 就可以用来衡量应急处置行动的效率。如图 7-1(b)所示，区域 1～3 是直线斜率大于 1 的评估值的集合。如果评估结果位于这些区域内，说明其对应的应急处置行动投入的资源要少于挽回的损失，因而应急处置行动是高效的。同时，越靠近区域 1 说明其效率越高。反之，若评估结果位于区域 4～6，说明其挽回的损失无法抵消应急处置所投入的资源，可以认为这类应急处置行动是无效的。但考虑到在很多情况下应急处置的公益性质，不能仅使用经济指标来衡量其优劣。总而言之，除法风险矩阵提供了一种应急处置行动效率的评估方式，能够给予决策者直观的判断。

7.2　除法风险矩阵扩展形式应用流程

除法风险矩阵扩展形式可表示为 $C=Y/X$。与乘法风险矩阵扩展形式类似，除法风险矩阵扩展形式一般适用于两种不同类别的风险因素。适用于除法风险矩阵扩展形式的评价有很多，如假设 Y 和 X 分别代表由于应急处置行动挽回的损失和此次行动本身所投入的资源，则除法风险矩阵扩展形式中的 C 就可以用于衡量应急处置行动的效率，$C=Y/X$ 表示的就是应急救援效率=挽回损失/投入资源。此外，除法风险矩阵扩展形式还能对很多其他种类的风险进行评估，如人均获得资源量=总资源量/总灾民数等，同时还能对其他适合除法扩展形式的风险进行评估。

以应急救援效率=挽回损失/投入资源为例，详细介绍除法风险矩阵扩展形式的应用流程。

第一步：对于评估结果 C 来说，它是变量 X 和变量 Y 相除的结果，因此需要对其所表示的风险等级进行划分。根据评估结果 C 所表示的风险大小，结合评估的具体情况，将其划分为 n 个不同的等级，用来表示不同的风险大小。对评估结果进行划分的依据主要包含以下两方面。

首先，等级划分要足够精细，不同的等级需能体现出风险大小的差异，否则就失去了划分不同等级的意义。

其次，考虑到具体评估工作量的可行性和可采取的措施差异，需结合实际情况决定等级划分的层次性。进行等级划分时不能一味地追求精细，而不考虑不同的等级之间是否对应存在不同的措施，如果在划分的结果中，连续三个等级所对应的可采取措施都一样，那么太过于精细的等级划分也就失去了意义。

最后，进行风险评估以及评估的结果都是服务于最终的决策过程，也就是说，不管如何进行等级划分，等级划分的结果都必须对措施的采取具有指导意义。

为了便于说明方法的应用流程，将风险等级分为“高”“中”“低”，对于每一个划分的等级，在此给出需要采取的应对措施，如表 7-1 所示。具体在应用流程中，可以根据实际情况和需要来确定 n 的取值和分别对应的等级描述。

表 7-1 应急救援效率等级划分

序号	等级	描述	应对措施
1	高	平均每投入一单位救援物资所挽回的损失很高，挽回损失远大于投入资源	救援物资得到充分利用，继续保证资源投入，以期挽回更多损失
2	中	平均每投入一单位救援物资所挽回的损失中等，挽回损失约等于投入资源	适当控制资源投入，如果可挽回损失不高，考虑是否需继续投入资源
3	低	平均每投入一单位救援物资所挽回的损失较低，挽回损失低于投入资源	应尽量减少资源投入，提高应急救援物资使用效率，减少更多损失

第二步：结合实际情况，使用专家打分法等方法确定变量 X 的取值区间，并对区间进行等级划分。

变量 X 是指投入资源，也就是在应急处置过程中投入的资源总量。在突发事件应急处置过程中，具体使用到的资源种类有很多，且每种资源的数量也各不相同，在计算投入资源时，可将所使用的各种资源按其价格转换成对应购买这么多资源所需要的资金数量。考虑到不同种资源获取的难度和时间不同，在此为每种资源设定一个权重系数 C_i；然后将这些资源的资金数量进行加权求和，从而得到变量 X 所表示的投入资源总数，可表达为

$$X = \sum_{i=1}^{n} C_i X_i \tag{7-1}$$

式中，n 表示所使用的资源种类数；X_i 表示投入的第 i 种资源折算成资金数

量；C_i 表示第 i 种资源的权重系数。每种资源的权重系数可通过历史数据或其他数据获取，也可以在现有数据的基础上，邀请有经验的专家对物资需求最大量进行预估，即专家打分法，当然如果有其他合理的方式获得也是可以的。

对投入资源进行等级划分，如表 7-2 所示。

表 7-2　投入资源等级划分

序号	等级	描述
1	极低	投入资源总量极少，根本无法满足突发事件的需求
2	较低	投入资源总量较少，只能在很小程度上满足突发事件的需求，对于突发事件的应对处置作用甚微，急需后续大量补充
3	中等	投入资源总量中等，能在一定程度上满足突发事件的需求，对于突发事件的应对处置和控制具有一定的作用，但仍需后续补充
4	较高	投入资源总量较多，能在较大程度上满足突发事件的需求，对于突发事件的应对处置和控制具有较大作用，后续需求较少
5	极高	投入资源总量充足，能在很大程度上甚至完全满足突发事件的需求，对于突发事件的应对处置和控制具有决定性作用，后续几乎可以不再补充

第三步：结合实际情况，使用专家打分法等方法确定变量 Y 的取值区间，并对其进行等级划分。

变量 Y 是指投入应急资源所挽回或避免的损失，和投入资源类似，考虑到挽救对象、种类、难度不同，同样需要对不同种类的被挽救对象进行量化并加权求和，得到：

$$Y=\sum_{i=1}^{m}D_iY_i \tag{7-2}$$

式中，m 表示所使用的资源种类数；Y_i 表示投入的第 i 种资源折算成资金数量；D_i 表示第 i 种资源的权重系数。每种资源的权重系数可通过历史数据或其他数据获取，也可以在现有数据的基础上，邀请有经验的专家对物资需求最大量进行预估，即专家打分法，当然如果有其他合理的方式获得也是可以的。

对挽回损失进行等级划分，如表 7-3 所示。

表 7-3 挽回损失等级划分

序号	等级	描述
1	极低	挽回的损失极低，承灾体遭受的破坏几乎没有得到缓解
2	较低	挽回的损失较低，承灾体遭受的破坏在较小程度上得到缓解，避免了少量损失
3	中等	挽回的损失中等，承灾体遭受的破坏在一定程度上得到缓解，避免了一半的损失
4	较高	挽回的损失较高，承灾体遭受的破坏在较大程度上得到缓解，避免了大部分的损失
5	极高	挽回的损失极高，承灾体遭受的破坏几乎完全被缓解，避免了几乎所有的损失

第四步：确定由变量组合 (X,Y) 共同产生的评估结果区间，如图 7-2 所示。可视情况将该区间分为四部分：第一部分是指数据点处在斜线 $Y=C_1X$ 与 Y 轴之间的区域，现实中指的是投入资源少，但是挽回损失较多，是一种最为理想的状况。第四部分是指斜线 $Y=C_2X$ 与 X 轴之间的区域，现实中指的是投入资源较少，挽回损失令人满意。第二部分和第三部分处于斜线 $Y=C_1X$ 和 $Y=C_2X$ 之间，属于挽回损失适中的区域。

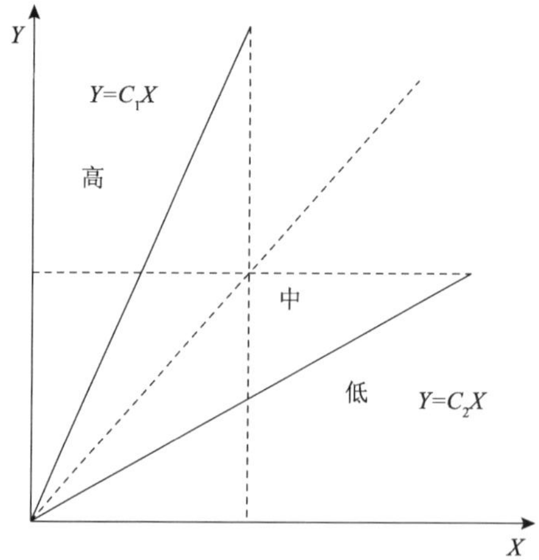

图 7-2 除法风险矩阵扩展形式图示

第五步：根据评估对象的具体情况，结合历史数据，使用专家打分法等方法确定变量 X 的取值大小。

第六步：根据评估对象的具体情况，结合历史数据，使用专家打分法等方法确定变量 Y 的取值大小。

第七步：根据 $C = Y / X$ ，以及变量 X 和变量 Y 的取值，确定评估结果 C 落在图 7-2 中的位置，从而根据所在区间得到评估结果。

第八步：根据评估结果，采取对应措施。

7.3　除法风险矩阵应用

7.3.1　应急避难场所效率评价

应急避难场所是危机发生时，人们躲避灾难、临时生活的安全场所(张芝霞等，2012)。不同的应急避难场所建设成本存在差异，其所具有的功能、服务能力也不尽相同，因此区分不同应急避难场所主要是以能否实现某些功能设施作为主要标准。应急避难场所在灾害发生后的一段时间内即刻启动，帮助人们免受灾害造成的直接损害或间接损害，并确保其基本生活条件(孟晓花和宋磊，2012)。应急避难所不仅包括紧急疏散指挥中心、独立供电系统、紧急直升机停机坪或者停车场等，还包括政府提供的以供暂时安居的紧急生活区，少部分应急避难所还具备应急供水的能力，可建成电力充分、物流完善、居住舒适、信息通畅的完整生存空间(修济刚等，2006)。根据《地震应急避难场所场址及配套设施》(GB 21734—2008)，地震应急避难场所可分为以下 3 类：具备综合设施配置，可安置受助人员 30 天以上的为Ⅰ类地震应急避难场所；具备一般设施配置，可安置受助人员 10～30 天的为Ⅱ类地震应急避难场所；具备基本设施配置，可安置受助人员 10 天以内的为Ⅲ类地震应急避难场所。

应急避难场所的建设不但需要先进完整的施工建设方案，对于政府管理者来说还需要科学化、系统化的危机管理知识。如果发生不可避免的灾难，如地震或火灾等灾难，这些应急避难场所将成为成千上万人的避难所，是一个拯救生命的地方，其承纳人数的重要意义无须赘述(文汇，2004)。

应急避难场所一般分布在城市郊区，如果发生地震和其他灾害，人们可以撤离到附近的紧急避难场所以避免风险，因此交通可达性成为评价应急避难场所的重要指标之一。另外，按照“统一规划、平震结合、因地制宜、综合利用、就近疏散、安全与通达”的原则，公园(不包括动物园和重要的文物古迹保护区域)、绿地、广场、体育场以及室内公共场、馆、所，均可选作地震应急避难场所(曹金龙，2012)。

应急避难场所的选择还应当遵守安全性准则：选址应避开地震断裂带以及洪涝、山体滑坡、泥石流等自然灾害易出现和经过的地段；应选择地势较为平坦空旷且略高，易于排水、适宜搭建帐篷的地形；在选择规划之前，要勘测附近有毒气体储放地、易燃易爆物或核放射物储放地、高压输变电线路等设施对人身安全可能产生影响的范围；不要在高层建筑物垮塌范围之内(刘强等，2010)。此外，选择室内公共场、馆、所作为地震应急避难场所，或作为配套设施应满足国家对于建筑物抗震级别的要求。而可通达性要求应急避难场所与外界相通的疏散道路应有两条以上且在道路方向上应有所不同(洪琳琳，2010)。同时，场址有效面积宜大于 2000 平方米，人均居住面积应大于 1.5 平方米(洪琳琳，2010)。

此外，应急避难场所必须使用微型救援应急逃生模拟平台，面向广大民众宣传应急逃生知识，提高公众的防灾和应急意识，使得民众在灾害发生后的最短时间内寻找到合适的应急避难场所，在此期间应急避难场所的资源应当保持充足。因此，若要确保有限的土地和建设资金投入能带来更高效的避难服务，就需对应急避难场所的效率进行评价。

在对应急避难场所的研究上，目前主要涉及安全性、应急适应能力及规划等内容，与应急避难场所评价的相关研究较少。不过通常来说，应急避难场所的评价应当是主观评价和客观评价相结合的过程。如果利用模糊集值方法和层次分析方法进行分析，具有一定的科学性和完整性，但是建立的指标和评价方法未涉及应急避难场所自身层次的差异性，因此难以反映真实的情况，且搜集数据和分析结果需要的时间过长。本节提出的除法风险矩阵能够帮助决策者在尽可能短的时间内得到最客观的决策结果。

除法风险矩阵方法是一种行之有效的方法，其特点是不需考虑投入与产出之间的函数关系，可以直接通过产出与投入的比值，快速计算出研究对象的投入产出效率。应用除法风险矩阵方法，从应急避难场所的规划和运营两个视角，建立以建设成本和运营成本为输入，以服务性、可达性、安全性等相关因素为输出的评价指标体系，并选择除法风险模型，对应急避难场所的投入产出效率进行评价。

7.3.2 应用流程分析

投入指标的评价主要侧重于评价应急避难场所建成后的运营管理效率。因此，分别将应急避难场所的建设成本、年维护费用作为效率评价的 X 变量（表 7-4）。

表 7-4 投入指标

指标名称	等级	描述
总成本	高	远远高于全国平均水平
	中	与全国平均水平持平
	低	远远低于全国平均水平

产出指标主要考虑应急避难场所的服务性、可达性和安全性等公益收

益。服务性是要保证满足更多人的避难需求，应急避难场所有效避难面积更大；在相同层次下，到达应急避难场所的避难者人数更多(但文羽等，2018)。可达性是要保证避难者更方便、快速地到达应急避难场所，也就是避难者到达应急避难场所的移动距离最短(周爱华等，2014)。安全性则要保证应急避难场所自身以及周边环境受到次生灾害的影响更小，应急避难场所离医疗、消防等安全设施更近，方便救援(表 7-5)(史晓瑞，2016)。

表 7-5　产出指标

指标名称	细化指标	评价标准
服务质量	一级避难人数	较多、中等、较少
	二级避难人数	较多、中等、较少
	三级避难人数	较多、中等、较少
	一级避难可达性	较好、中等、较差
	二级避难可达性	较好、中等、较差
	三级避难可达性	较好、中等、较差
	医院接近度	较接近、中等、较偏远
	消防设施接近度	较接近、中等、较偏远

第一步：对于评估结果——应急避难场所效率来说，它是变量 X 和变量 Y 除法运算的结果，需要人为对它所表示的等级进行划分。根据所表示等级的大小，结合评估的具体情况需要，将其划分为 n 个不同的等级，用来表示不同效率水平。

第二步：结合实际情况，使用专家打分法等方法确定变量 X 的取值区间，并对区间进行等级划分。变量 X 是指投入指标，也就是应急避难场所的建设成本、年维护费用之和。

在应急避难场所的建设中，所投入成本的种类有很多，数量也各不相同。在计算投入指标时，可将投入成本转化为所对应的资金数量，然后加和。在

计算出 X 后，确定对应等级。高等级赋值为 3，中等级赋值为 2，低等级赋值为 1。

第三步：结合实际情况，使用专家打分法等方法确定变量 Y 的取值区间，并对其进行等级划分。变量 Y 是指应急避难场所所能提供的服务质量，对其进行量化并加权求和。

评价标准分为三个层次：较多、较好、较接近按 3 分计算，中等按 2 分计算，较少、较差、较偏远按 1 分计算。

第四步：确定由变量组合 (X,Y) 共同产生的评估结果区间。

第五步：根据评估对象的具体情况，结合历史数据，使用专家打分法等方法确定变量 X 的取值大小。

第六步：根据评估对象的具体情况，结合历史数据，使用专家打分法等方法确定变量 Y 的取值大小。

第七步：根据 $C=Y/X$，以及变量 X 和变量 Y 的取值，确定评估结果 C 的位置，从而根据所在区间得到评估结果。

第八步：根据评估结果，采取对应措施。

7.3.3 算例

本节首先对北方某城市 24 个应急避难场所进行数据搜集，在对投入数据处理后，将总成本分为高、中、低三档，结果如表 7-6 所示。

表 7-6　北方某城市 24 个应急避难场所投入指标

序号	总成本	序号	总成本
1	低	5	低
2	高	6	高
3	中	7	低
4	高	8	低

续表

序号	总成本	序号	总成本
9	中	17	高
10	中	18	中
11	高	19	低
12	低	20	中
13	低	21	低
14	中	22	低
15	高	23	中
16	中	24	高

北方某城市 24 个应急避难场所的产出指标如表 7-7 所示。

表 7-7 北方某城市 24 个应急避难场所产出指标

序号	一级避难人数	二级避难人数	三级避难人数	一级避难可达性	二级避难可达性	三级避难可达性	医院接近度	消防设施接近度
1	中等	中等	较少	较好	较好	中等	较接近	较接近
2	中等	中等	较少	较差	中等	较好	较偏远	中等
3	较少	较多	中等	中等	中等	较好	较接近	较偏远
4	中等	较多	较多	较差	中等	中等	较偏远	中等
5	较多	较多	较多	较好	较差	较差	较偏远	较偏远
6	较多	较多	中等	较差	较好	较好	较接近	中等
7	较多	较多	较多	较差	较好	中等	较接近	较偏远
8	中等	较少	较少	较差	中等	较差	中等	较偏远
9	较多	中等	较少	较好	中等	较差	较接近	中等
10	较少	较多	较少	较差	中等	较差	较偏远	较偏远
11	中等	中等	较少	中等	较好	较好	中等	中等
12	较少	较少	较少	较差	中等	较好	较接近	中等
13	中等	较少	较少	较好	较差	较好	较接近	较偏远
14	较多	较多	较少	较差	中等	较差	中等	较接近

续表

序号	一级避难人数	二级避难人数	三级避难人数	一级避难可达性	二级避难可达性	三级避难可达性	医院接近度	消防设施接近度
15	中等	较少	较少	中等	较差	较好	中等	较偏远
16	较少	中等	较多	中等	较差	中等	较偏远	中等
17	较多	较多	中等	较好	较好	中等	中等	较接近
18	较多	中等	较多	较差	较差	较差	中等	较偏远
19	较多	较少	中等	较好	中等	较差	中等	较接近
20	较少	较多	中等	较差	中等	较差	中等	较接近
21	较少	中等	中等	较差	较差	较好	较偏远	较接近
22	中等	中等	较少	较差	较差	较好	中等	较接近
23	中等	中等	中等	中等	中等	中等	较偏远	较接近
24	较少	较多	较多	较好	较差	较好	较接近	较接近

根据除法风险矩阵公式 $C = Y / X$，以及变量 X 和变量 Y 的取值，确定评估结果 C 的位置，从而根据所在区间得到评估结果，如图 7-3 所示。

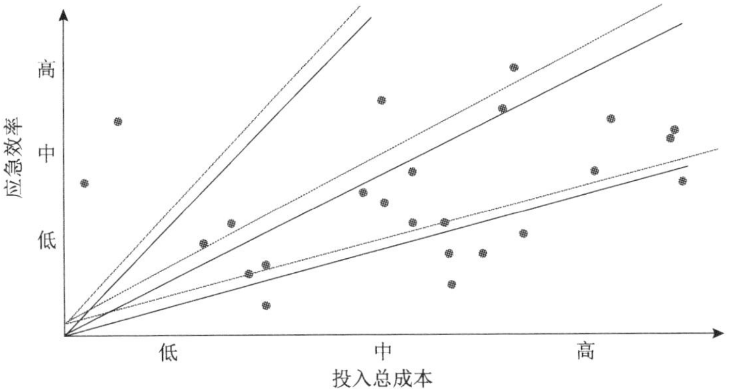

图 7-3　北方某城市 24 个应急避难场所效率图

本节主要是对应急避难场所在应急管理中的效率进行分析，分别建立了应急避难场所规划效率评价和运营效率评价的指标体系，考虑到应急避难场所的现实决策意义，引入除法风险矩阵模型，对应急避难场所规划效率和运营效率进行评价。以北方某城市规划效率评价为例，检验评价的实际应用性。结果表明，承纳避难人数越多、可达性越强，距离医院越近的应急避难场所效率越高；而承纳避难人数越少、可达性越差的避难场所效率越低。本章所建立的评价方法有助于检验应急避难场所设计的科学性，能够帮助政府遵循科学的避难场所建设原则。同时，此效率评价还可以为制定建设项目的可行性报告提供参考依据，发挥更大的现实作用。

7.4 本章小结

本章对风险矩阵的扩展形式之一，即除法风险矩阵进行了介绍。除法风险矩阵主要体现一种相关比例关系，应用到生产生活中，最常见的就是投入和产出，其最大的特点在于以直观的图表向决策者展示不同项目的效率，便于人们做出合理决策。除法风险矩阵还可以被应用到应急管理机构效率评价和区域发展评价等诸多领域。

第 8 章　综合风险分析方法应用

8.1　综合风险分析方法概述

综合风险分析方法开发了 4 种基于算术运算的风险矩阵扩展形式，并探讨了其具体性质和图形分区。扩展形式不仅保留了风险矩阵的优点，去除了原有的主要缺陷，而且大幅扩充了评估对象的范围，更具有普适性。

风险矩阵 4 种扩展形式的主要特点可以总结如下：

1) 待评估的目标不再仅仅局限于风险一种客体，而是能够满足扩展形式对应运算规则的一切客体；

2) 保留了传统风险矩阵的各类优点，如应用的原理简单、易于使用、结果直观明了等；

3) 更改了输入变量的处理方式和运算规则，消除了传统风险矩阵的两大固有缺陷；

4) 评估结果与传统风险矩阵及其典型变异形式相比，具有更为理想的精度。

风险矩阵的 4 种扩展形式在实际运用时有如下两条注意事项：

1)输入变量和输出变量的取值必须是定量数据，或至少可以表示为定量形式；

2)输入变量的取值必须是有界的，而且应当可以较为容易地实现标准化或归一化。

其中，第 2 条注意事项实际上暗示了各种具有固定值域的指标型变量尤其适合作为扩展形式的输入变量。图 8-1 总结了风险矩阵扩展形式的应用过程。

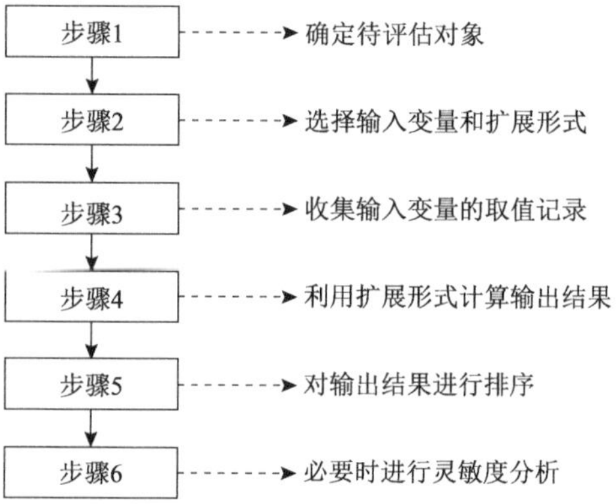

图 8-1 风险矩阵扩展形式的应用过程

8.2 综合风险分析在校园风险管理中的应用

学校安全工作是全社会安全工作的一个十分重要的组成部分，它直接关系到青少年学生能否安全、健康地成长，关系到千千万万个家庭的幸福安宁和社会的稳定(曹宝刚，2014)。校园安全种类繁多，主要包括环境安全、人身安全、食品卫生与防疫安全、设施设备安全、消防安全、公共秩序安全等。本节以校园欺凌风险为例，利用风险分析的扩展形式，对校园欺凌的综合风险进行分析与探究。

8.2.1 研究背景与研究意义

世界范围内，校园欺凌已成为影响青少年健康成长的主要障碍，并逐步演化成亟须引起重视的社会问题。根据世界卫生组织对48个国家的调查统计结果，不同形式的校园欺凌每年发生率高达60%。言语欺凌比例为48%，是最为广泛的欺凌形式，其他依次为躯体欺凌（占比为 31%）、性欺凌（占比为20%）、抢劫（占比为25%）（季成叶，2007）。美国已有49个州通过了反歧视立法，要求学区负责解决欺凌问题（Cornell and Limber，2015）。

欺凌是一种不受欢迎的、具有攻击性的行为，由不具有血缘关系或存在约会交往关系的其他青少年个人或群体实施，包含可被观察到的或觉察到的力量不对等，往往重复多次或者极有可能重复。欺凌可能会对被欺凌青少年造成包括身体、心理、社会或教育伤害的痛苦或困扰，校园欺凌对包括欺凌人、被欺凌人、欺凌的旁观者和围观者在内的所有参与者都将产生深远的长期影响（Gladden et al.，2014）。欺凌包括直接欺凌和间接欺凌两种模式。直接欺凌是指在被欺凌人面前发生的欺凌行为，间接欺凌是指欺凌者通过间接手段实施欺凌行为，如散布被欺凌者的谣言。欺凌可分为肢体欺凌、口头欺凌、人际关系欺凌和个人财务欺凌四种类型。同样地，欺凌可发生在不同的背景下，如学校、家中、互联网或通过电子设备实施欺凌，后两者称为网络欺凌。网络欺凌可通过手机、社交媒体或其他互联网渠道散布被欺凌人的负面消息（Beale and Hall，2007；Glew et al.，2000）。

在美国，25%～33%的学生在学校受到欺凌，中学是欺凌发生率最高的地方。约 30%的人承认曾成为欺凌者，70.6%的人表示曾目睹了欺凌行为，70.4%的学校员工看到过欺凌行为。学校环境中最普遍的欺凌类型为口头欺凌和人际关系欺凌（Bradshaw et al.，2007）。

目前，中国尚无权威的统计数据可以确切了解中国校园欺凌的严重性，由于校园欺凌事件的风险定级低，社会各界对校园欺凌的风险感知较弱，相关部门及人员对校园欺凌事件重视不足，导致出现了多起恶性校园欺凌事件，造成了恶劣的社会影响，部分事件甚至演化成舆情事件。国务院教育督导委员会办公室于 2016 年 4 月向各地印发《关于开展校园欺凌专项治理的通知》，教育部等十一部门于 2017 年 11 月联合印发《加强中小学生欺凌综合治理方案》，连续两年从政府层面督促加强治理校园欺凌，反映出中国的校园欺凌风险已经需要引起足够重视。

本节运用风险分析的扩展形式对目前校园欺凌中存在的风险进行多阶段、多角度的分析，以此审视校园目前存在的安全状况。

8.2.2 应用分析

中国国内对于校园欺凌的研究大多还停留在对具体欺凌事件的分析与预防措施的研究上，在探究其风险上并未有创新的评估分析方法。因此，本节利用综合风险分析方法，根据我国中部某省小学校园实地调研的问卷结果，以乘除两种分析方法为手段，对校园欺凌涉及的风险进行分析，以此探究校园欺凌严重性与教师感知度之间的关系，同时更加详细地论证此方法的可行性。

(1) 乘法风险矩阵扩展形式应用流程

对我国中部某省 1800 名小学生进行了问卷调查，考虑到一年级和二年级学生尚处在语言文字启蒙阶段，因此只对三年级、四年级、五年级和六年级的学生以及抽取的教师进行调研。问卷主要从欺凌情况和被欺凌情况两方面进行调查，总共 16 个问题，涵盖欺凌频率、欺凌种类、欺凌原因等。此次调查共发放问卷 1800 份，有效回收问卷 1800 份，回收率 100%。在问卷统计过程中，基于“是”和“否”的指向性问题来计数并且进行描述性统计。以是否受到过欺凌为例，所有回答“否”的问卷都被抽取统计，同时仔细阅读后续答案是否存在自相矛盾的地方，如在回答过没有遭受过欺凌的问题时仍回答遭遇欺凌等。在问卷有效性评估之后，对全部问题的回答进行编码并统计案例数量及所占百分比。剔除无效问卷后，最终问卷可用率为98%。

从定性描述的角度可将校园欺凌严重性分为“高”“中”“低”，如表8-1所示。

表8-1 校园欺凌严重性等级划分

序号	等级	定性描述	乘法风险模型矩阵图对应区域
1	高	校园欺凌非常严重	区域5和区域6
2	中	校园欺凌比较严重	区域3和区域4
3	低	校园欺凌不太严重	区域1和区域2

此次评估涉及两个问题：一是校园欺凌发生的可能性(概率)；二是造成的损失大小(烈度)。在调查问卷的第5个问题设置中“你受过校园欺凌吗？”有四个选项(经常有、定期有、偶尔有、没有)，根据此问题可以确定校园欺凌发生的概率，在此之前要对概率变量X进行等级划分。

美国在2015年10月对全美78所公立学校和22所私立学校的43 321名高中生进行了调查，这份调查的误差率低于1%。在所有被调查的高中生中，50%的学生承认在过去的一年里欺负过别人，47%的学生承认在过去的一年里被以非常令人难过的方式欺负、取笑或嘲弄过(王道坤，2016)。因此，将47%的发生概率作为上线，每隔20%划分为一个等级，如表8-2所示。

表8-2 校园欺凌事件发生概率等级划分

序号	等级	定性描述	定量描述(发生概率)
1	高	校园欺凌情况经常发生	27%～47%
2	中	校园欺凌情况偶有发生	7%～27%
3	低	校园欺凌情况不太常见	7%以下

对变量 Y 进行等级划分，变量 Y 是指校园欺凌造成的损失大小，即烈度。在调查问卷的第 9 个问题“校园欺凌对你产生的坏影响是？(可多选)”中有 10 个选项，如表 8-3 所示。

表 8-3　校园欺凌的负面影响

选项	内容
A	造成肉体损伤
B	造成沉默寡言、胆小自卑
C	仇视他人，产生报复心理
D	产生厌学情绪，想转学或辍学
E	造成失眠、精力不集中
F	影响学习，成绩下降
G	心情不好、脾气暴躁
H	产生自残、自杀的念头
I	心里留下阴影，忘不掉
J	没有造成负面影响

校园欺凌造成的损失等级可划分为三个等级，如表 8-4 所示。

表 8-4　校园欺凌造成的损失等级划分

序号	等级	定性描述	具体内容
1	高	造成的后果严重	造成肉体损伤，产生自残、自杀的念头
2	中	造成的后果比较严重	仇视他人、厌学、失眠、脾气暴躁、有心理阴影
3	低	造成的后果相对轻微	沉默寡言、胆小自卑、影响学习

这里，将肢体损伤和严重的心理损伤设为高级，比较严重的损失设为中级，相对轻微的损失设为低级，根据造成损失的比重可以确定等级高低。在变量 X 和 Y 等级划分确定之后，计算变量 X 和 Y 的取值大小，从而判定其等级高低。

变量 X 是指校园欺凌的发生概率，此次问卷统计结果显示，在 1800 名小学生中，被欺凌者共 315 名，约占小学生总数的 18%，即 X 为 18%。由表 8-2 可知，该省小学生校园欺凌情况偶有发生，等级为“中”。

变量 Y 是指校园欺凌造成的损失大小，此次问卷统计结果显示，共有 315 名学生受到过校园欺凌，其中 169 名学生没有因欺凌产生损失，146 名学生受到不同程度的负面影响。校园欺凌往往会对小学生造成多重负面影响，如心里留下阴影、失眠、精力不集中等，因此累计人次(160 名)大于被欺凌人数(146 名)(表 8-5)。

表 8-5　校园欺凌造成负面影响的人次统计

负面影响	数量/名
没有造成负面影响	169
心情不好、脾气暴躁	39
心里留下阴影，忘不掉	31
造成失眠、精力不集中	22
造成沉默寡言、胆小自卑	17
仇视他人，产生报复心理	16
造成肉体损伤	15
影响学习，成绩下降	14
产生厌学情绪，想转学或辍学	5
产生自残、自杀的念头	1

根据表 8-4，将小学生校园欺凌造成的损失进行等级划分，如表 8-6 所示。

表 8-6　小学生校园欺凌造成的损失等级划分

等级	具体内容	数量/名
高	造成肉体损伤，产生自残、自杀的念头	16
中	仇视他人、厌学、失眠、脾气暴躁、有心理阴影	113
低	沉默寡言、胆小自卑、影响学习	31

表 8-6 显示，146 名因欺凌产生负面影响的小学生中，16 名因校园欺凌造成了严重的身体或心理损失，31 名小学生产生了相对轻微的损失，113 名小学生因校园欺凌造成了比较严重的损失。因此，损失等级为“中”的小学生占比较大，因此 Y 的等级为“中”。

结果表明，此次问卷调查中该小学学生校园欺凌发生的可能性等级为“中”，因被欺凌造成的损失大小等级为“中”。因此，此次问卷调查中小学生校园欺凌风险评估表现为概率中，损失中，即可以确定评估结果 C 落在图 8-2 中区域 3 的位置。

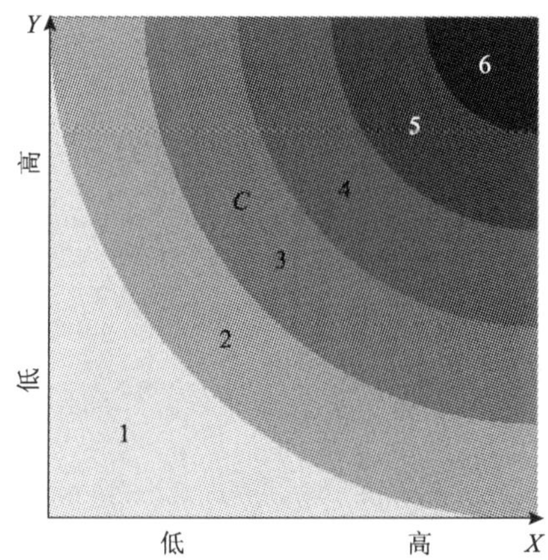

图 8-2　乘法风险矩阵扩展形式应用图示

(2) 除法风险矩阵扩展形式应用流程

随机抽取中部某市某小学，三、四、五、六年级每个年级调研一个班级，共四个班级(每个班级平均为 50 人)，对 200 名小学生进行数据分析。在对教师的调查问卷中，第三个问题“您认为贵校的校园欺凌问题”有四个选项(广泛发生，偶然发生，不发生，不清楚)，由此问题的反馈可知，抽取的中部某市某小学校园欺凌的发生概率，如表 8-7 所示。

表 8-7　中部某市某小学被欺凌人数

年级	被欺凌人数/名
三年级	22
四年级	13
五年级	18
六年级	7

由表 8-7 可知，该小学四个班级被欺凌小学生总数为 60 人，每个班级平均为 50 人，四个班级共 200 人，则被欺凌率为 0.3。

汇总该小学 30 名教师的调查问卷数据，可知教师对校园欺凌的评价如表 8-8 所示。

表 8-8　教师对校园欺凌的评价

教师对校园欺凌的评价	人数/名
广泛存在	0
偶然发生	13
不发生	17
不清楚	0

由表 8-8 可知，有 13 名教师认为本校校园欺凌现象偶然发生，有 17 名教师认为本校不存在校园欺凌现象，没有教师认为本校的校园欺凌现象广泛存在。

将教师对校园欺凌的感知度等级划分为“高”“中”“低”，如表 8-9 所示。

表 8-9　教师对校园欺凌的感知度等级划分

序号	感知度等级	感知率	除法风险模型矩阵图对应区域
1	高	2.2～3.3	区域 1 和区域 2
2	中	1.1～2.2	区域 3 和区域 4
3	低	0.0～1.1	区域 5 和区域 6

假设教师都感知到了校园欺凌，那么其感知率就为 1，且小学生被欺凌率为 0.3，根据除法风险模型，教师感知度约为 3.3。这里，X 表示校园欺凌教师感知率，Y 表示小学生被欺凌率，K 为感知系数，$K=1$ 时，表示教师能够感知本校校园欺凌，$K=0.5$ 时，表示教师能够偶尔感知本校校园欺凌，$K=0$ 时，表示教师无法感知到本校校园欺凌。

根据 $C = KX / Y$，可得到以下运算结果：

$$C = \frac{(1\times 0 + 0.5\times 13 + 0\times 17 + 0\times 0)/30}{0.3}$$

根据运算规则，得出 C 的大小为 0.72，根据等级划分区间，C 落在区域 6，如图 8-3 所示，即该学校教师对校园欺凌事件的感知度等级为“低”。

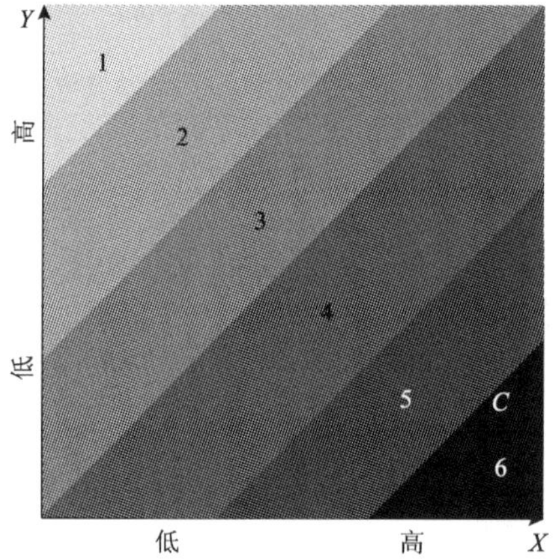

图 8-3　除法风险矩阵扩展形式应用图示

结果显示，该学校教师对校园欺凌的感知度极低，即教师意识不到校园欺凌问题，且普遍认为学校不存在校园欺凌现象。

8.2.3　小结

除法风险矩阵计算结果显示，该学校教师普遍认为校园欺凌情况在本校不存在，教师对欺凌的感知与实际情况之间存在明显差异，结果位于区域 6，即小学生主体欺凌程度严重，教师对其感知程度弱，这种差异正是“错位”效应的体现。

“错位”效应是指在社会认知中，由于种种复杂的原因，客观事物及其某些特征在人头脑中的反映，常常与实际情况相反。由于每个人的思想观念不同、利益不同、经验不同，往往会造成对同一事物或同一事物的同一特征有不同的感知和认识，而这些感知和认识有的并不符合实际情况。

研究和预防中小学校园欺凌有助于确保中小学生正常学习，保护中小学生的身心健康发展，提高学校风险感知。校园欺凌是学校风险中最为常见的风险之一，风险是发生突发事件和危险的起因与缘由，了解校园欺凌事件的风险是对风险进行管理的第一步。

加法风险矩阵扩展形式与减法风险矩阵扩展形式对本案例的应用意义不大，因此只运用乘除扩展形式对校园欺凌的风险进行分析和评估，以此探究校园欺凌严重性与教师对其感知度之间的关系，是定性与定量之间的无缝结合，能为风险处置提供准确的评估结果，有利于了解确定的风险并制定切实有效的控制措施，只有这样才能降低突发事件发生的概率及其带来的不良影响。

8.3　综合风险分析方法在区域灾害风险评估中的应用

8.3.1　研究背景与意义

我国是全球受自然灾害影响最为严重的国家之一，世界上已知的主要自然灾害种类如洪水、地震等在我国均存在。近年来，我国自然灾害事件频繁发生，重特大自然灾害时有发生，地震、洪水、旱灾等多灾并发的次数逐渐增加，自然灾害的频发、多发、连发给当地人民的生命财产带来了严重影响，国家防灾减灾工作面临着严峻的形势。

2016 年，中国自然灾害以洪涝、台风、风雹和地质灾害为主，各类自然灾害共造成全国近 1.9 亿人次受灾，1432 人因灾死亡，274 人失踪，直接经济损失为 5032.9 亿元(徐赛，2017)。

本节采用综合风险分析方法，结合世界风险指数的模式和方法，最终呈现出中国各区域风险状况。主要思路如下：通过不同风险模型从不同的角度分别对各区域风险进行评估，将加法风险矩阵和乘法风险矩阵的结果相加，然后通过除法风险模型构建出万有引力风险模型。加法风险模型主要是评估各区域自然风险的危险性和脆弱性，各区域的危险性和脆弱性由多个指标构成，给不同指标赋予相应的权重，然后加和，得到区域风险的直观排名。减法风险模型是将危险度和脆弱度相减，得到各区域对灾害的承受限度。乘法风险模型是将危险度和脆弱度相乘，得到各区域期望损失风险。除法风险模型是将加法风险模型和乘法风险模型所得到的期望损失风险与 r 系数相除，得到最后的风险指数。加法风险模型、减法风险模型、乘法风险模型、除法风险模型既可以作为单独的评估模型，也可以作为结构化模型中的一部分进行组合。

本节利用简明直接的计算方法可得到各区域风险现状，有助于决策者更好地了解和评估自然灾害与受影响的社会之间的相互作用。同时，结合模块化的结构，可帮助相关部门明确工作重心，加强风险管理，并且将重点放在预防方面，在未来几年内持续改进风险现状。

8.3.2 当前灾害风险评估存在的问题

近年来，国内非常重视对灾害风险评估的研究，大量工作主要集中于对洪涝、旱灾、台风、风雹等我国主要自然灾害的单灾种风险损失预评估领域，针对区域自然灾害综合风险评估的研究报道相对较少，目前仍处于发展探索阶段。有关中国自然灾害区域灾情综合评估的研究始于20世纪90年代，主要有以下两种思路：建立综合灾情指数评估区域灾情强度并分级；利用致灾因子时空分布特征分析灾害的空间分布格局(程立海等，2011)。综合灾情指数方法主要依据政府部门发布的灾情统计权威数据，该方法在全国和区域灾情时空分布格局分析及评估工作中使用较多(廖永丰等，2013)。本节拟采用综合灾害分析方法，结合世界风险指数的模式和方法，计算中国各区域的风险指数。

8.3.3 加法风险矩阵扩展形式的应用

加法是一种可用于比较不同对象大小的方法，先拆解出构成目标的不同因子，按各目标的重要性赋予不同因子相应的权系数，然后对各部分加权因子求和。

加法风险分析适用于评级指标间相关性相对较弱的情形。在选择自然灾害系统风险指数综合评价模型时，不应以寻求评价方法及评价模型的深度或复杂度或新颖性为目的，而要寻找一种适用性强的、简单的、可操作性强的方法，这样不仅能减少由于计算方法带来的误差和不确定性，还可以避免主观选择评估方法的错误。

利用加法风险分析法，对中国各区域自然灾害危险性和承灾体脆弱性进行评估。自然灾害危险性是指造成灾害的自然变异的程度，主要由灾变活动规模(强度)和活动频次(概率)决定。一般灾变强度越大，频次越高，灾害造成的破坏损失越严重，灾害的风险越大。承灾体脆弱性是指在给定危险地区存在的所有任何财产由于潜在的危险因素而造成的伤害或损失程度，其综合反映了自然灾害的损失程度。一般承灾体的脆弱性越低，灾害损失越小，灾害风险越小，反之亦然(李宏，2010)。

(1)自然灾害危险性

自然灾害危险性指标包含频次和烈度两个二级指标，其中烈度又包含死亡人数、失踪人数、直接经济损失、房屋倒塌数量、农作物绝收面积 5 个三级指标。

自然灾害危险可能来自旱灾、洪涝灾害、地质灾害等，也可能来自某种单一自然灾害，还可能来自多个灾害的共同威胁，因此自然灾害危险度受灾害的强度和频次等综合影响，其表达式为

$$H^2 = \sum_1^n \omega_i \times H_i \tag{8-1}$$

式中，H 是自然灾害危险度；H_i 是自然灾害危险性的影响因素；ω_i 是权重，表示该因素对自然灾害危险性的影响程度；n 是影响因素总数；i 是各影响因素。

(2)承灾体脆弱性

承灾体脆弱性包含 3 个指标：敏感性、应对能力和适应性。其中，敏感性包含地区总人口、乡村人口密度、城市人口密度、耕地面积、建筑密度 5 个三级指标，敏感性在一定程度上反映了承灾体的暴露程度，暴露程度越大，地区面临的风险指数越大；应对能力包含每万人拥有卫生技术人员数、每万人医疗机构床位数、原财产保险收入、医疗卫生机构数、公安消防官兵人数、抢险救援器材数量、地震台数总数、自动气象站站点个数 8 个三级指标；适应性包含人均水资源量、性别比、老年人口抚养比、15 岁以上文盲人口、地方财政一般预算支出、涉灾预算支出强度、人均 GDP、居民人均可支配收入、森林覆盖率 9 个三级指标。

承灾体脆弱度受敏感度、应对能力等综合影响，承灾体脆弱度表达式为

$$V^2 = \sum_1^n \omega_i \times v_i \tag{8-2}$$

式中，V 是承灾体脆弱度；v_i 是承灾体脆弱性的影响因素；ω_i 是权重，表示该因素对承灾体脆弱性的影响程度；n 是影响因素总数；i 是各影响因素。

风险指数框架由暴露的自然灾害危险性与承灾体脆弱性构成。在具体指标选取时，需分析影响各个因素的主要指标，找出能造成灾害损失的客观指标因素。本节以世界风险指数指标体系为基础，采用专家咨询方式对指标体系做出相应调整，剔除不能反映灾害风险的指标，添加能反映中国区域灾害风险的公安消防官兵人数、抢险救援器材数量、涉灾预算支出强度等指标，构建适用于中国实际情况的灾害风险指数评价指标体系，如表 8-10 所示。

表 8-10 中国灾害风险指数评价指标体系

指标	二级指标	三级指标
自然灾害危险性	频次	各类灾害频数
	烈度	死亡人数(人)
		失踪人数(人)
		直接经济损失(亿元)
		倒塌房屋数量(万间)
		农作物绝收面积(10^3 公顷)
承灾体脆弱性	敏感性	地区总人口(万人)
		乡村人口密度(人/公里^2)
		城市人口密度(人/公里^2)
		耕地面积(10^3 公顷)
		建筑密度(%)
	应对能力	每万人拥有卫生技术人员数(人)
		每万人医疗机构床位数(张)
		原财产保险收入(亿元)
		医疗卫生机构数(个)
		公安消防官兵人数(人)
		抢险救援器材数量(万件)
		地震台数总数(个)
		自动气象站站点个数(个)

续表

指标	二级指标	三级指标
承灾体脆弱性	适应性	人均水资源量（立方米）
		性别比（女=100）
		老年人口抚养比
		15岁以上文盲人口（人）
		地方财政一般预算支出（亿元）
		涉灾预算支出强度
		人均GDP（元）
		居民人均可支配收入（元）
		森林覆盖率（%）

经过无量纲化等相关计算，得到2016年中国各区域自然灾害危险度和承灾体脆弱度，如表8-11所示。

表8-11　2016年中国各区域自然灾害危险度和承灾体脆弱度

危险性指数			脆弱性指数		
排名	地区	指数	排名	地区	指数
1	河北	72.35	1	上海	78.54
2	新疆	66.57	2	安徽	77.26
3	云南	64.15	3	河南	75.85
4	湖北	63.40	4	西藏	75.52
5	内蒙古	53.96	5	天津	75.39
6	安徽	51.63	6	甘肃	74.48
7	福建	50.32	7	江西	73.91
8	贵州	47.18	8	青海	73.34
9	四川	46.50	9	海南	73.26
10	河南	44.65	10	宁夏	73.12
11	湖南	44.18	11	贵州	72.68

续表

危险性指数			脆弱性指数		
排名	地区	指数	排名	地区	指数
12	黑龙江	42.47	12	北京	72.54
13	西藏	40.81	13	黑龙江	72.24
14	广西	39.13	14	吉林	72.14
15	江苏	38.25	15	江苏	72.00
16	重庆	38.04	16	重庆	71.98
17	甘肃	37.96	17	广西	71.44
18	浙江	36.92	18	陕西	71.27
19	广东	35.31	19	山西	70.82
20	陕西	34.59	20	湖北	70.63
21	青海	34.56	21	山东	70.37
22	山西	33.08	22	云南	70.10
23	江西	31.28	23	河北	69.96
24	海南	27.17	24	新疆	69.96
25	宁夏	26.87	25	福建	69.83
26	山东	22.69	26	湖南	69.53
27	吉林	22.10	27	内蒙古	68.64
28	辽宁	20.13	28	四川	67.72
29	北京	13.87	29	浙江	66.22
30	上海	2.48	30	辽宁	65.75
31	天津	1.86	31	广东	64.58

8.3.4 除法风险矩阵扩展形式的应用

自然灾害风险是指自然灾害可能达到的程度及其可能性，是自然灾害危险性、承灾体脆弱性相互作用的综合结果(颜峻和左哲，2010)，一般的灾害风险模型都是从自然灾害和承灾体两个维度出发，选取变量对这两个维度进行表示，最后将变量用乘除法组合在一起得到灾害风险模型。

除法表示两个变量的比值，两个变量之间存在正相关关系，可用来评估应急效率等。忽略自然灾害和承灾体之间的距离，当发生的自然灾害和承灾体距离或联系较远时，那么自然灾害对承灾体造成的伤害可能就会大大降低。因此，在对风险进行描述时，还可以引入第三个变量——致灾因子与承灾体之间的关系。因此，将除法风险模型表示如下：

$$R = \frac{H \times V}{r^2} \tag{8-3}$$

式中，R 是自然灾害风险；H 是自然灾害危险度，表示灾害发生的强度和频次；V 是承灾体脆弱度，表示承灾体在应对灾害准备能力的强弱程度；r 表示自然灾害和承灾体之间的关系，也就是自然灾害危险性和承灾体脆弱性之间的关系。需要注意的是，这里的关系 r 可以是物理或地理上的距离远近，也可以是自然灾害和承灾体之间的相对远近关系。两者关系越强，代表距离越小，自然灾害对承灾体造成的损害越大，反之关系越弱，距离越远，自然灾害对承灾体造成的损害越小。

在此，采用专家打分法确定 r，并将 r 值划分为 5 个等级。r 的取值范围及等级划分如表 8-12 所示。

表 8-12　r 的取值范围及等级划分

等级划分	r 取值	物理意义	实际意义
1	0.80	自然灾害和承灾体之间的距离非常近	自然灾害危险性和承灾体脆弱性有非常强的关系，地区发生的自然灾害次数非常多，且脆弱性极易导致自然灾害的损失加大
2	0.85	自然灾害和承灾体之间的距离很近	自然灾害危险性和承灾体脆弱性有很强的关系，地区发生的自然灾害次数很多，且脆弱性很容易导致自然灾害的损失加大

续表

等级划分	r取值	物理意义	实际意义
3	0.90	自然灾害和承灾体之间的距离一般	自然灾害危险性和承灾体脆弱性的关系一般，地区发生的自然灾害次数一般，且脆弱性会导致自然灾害的损失加大
4	0.95	自然灾害和承灾体之间的距离有点远	自然灾害危险性和承灾体脆弱性之间的关系比较弱，地区发生的自然灾害次数少，且脆弱性可能会导致自然灾害的损失加大
5	1.00	自然灾害和承灾体之间的距离很远	自然灾害危险性和承灾体脆弱性之间的关系非常弱，地区发生的自然灾害次数非常少，且脆弱性不怎么会导致自然灾害的损失加大

根据专家打分结果，r的取值结果如表8-13所示。

表8-13　r的取值结果

r取值	地区
0.80	福建、湖北、贵州、江苏
0.85	重庆、四川、云南、广西、河北
0.90	山西、陕西、江西、浙江、安徽、山东、河南、湖南、甘肃、广东
0.95	新疆、内蒙古、海南、青海、宁夏
1.00	北京、天津、辽宁、吉林、黑龙江、上海、西藏

经计算得到2016年中国各区域自然灾害风险指数，如表8-14所示。

表8-14　2016年中国各区域自然灾害风险指数排名

排名	地区	指数	排名	地区	指数
1	河北	70.06	5	新疆	51.60
2	湖北	69.97	6	河南	46.88
3	云南	62.23	7	内蒙古	45.73
4	贵州	53.58	8	安徽	44.20

续表

排名	地区	指数	排名	地区	指数
9	广西	43.67	21	江西	28.54
10	福建	43.38	22	广东	28.15
11	甘肃	39.13	23	山西	25.96
12	四川	38.50	24	海南	22.05
13	江苏	38.10	25	宁夏	21.77
14	西藏	38.05	26	山东	19.71
15	重庆	33.80	27	吉林	15.94
16	青海	31.29	28	辽宁	13.23
17	湖南	30.72	29	北京	10.06
18	黑龙江	30.68	30	上海	1.94
19	陕西	30.43	31	天津	1.40
20	浙江	30.18			

8.4 引入不确定性：综合风险分析方法数值模拟

考虑到风险与突发事件的主要特点为未知性与不确定性。因此，在经验与历史数据较为欠缺、潜在突发事件征兆并不明显的情况下，输入变量的精确取值一般很难实现，实际操作中往往只能给出估计值。在评估工作中，评估结果的准确度和精度存在上限，在实际操作过程中对准确度和精度的要求可能会有所放宽。因此，在这种情况下，应该将不确定性引入扩展形式中，以提高 4 种风险矩阵扩展形式的适用性。

处理不确定性的工具有很多，如随机变量、模糊数、区间数等。为了与 4 种风险矩阵扩展形式简单易用的特性保持一致，这里使用区间数作为描述输入变量取值不确定性的主要工具，并用其代替单纯的估计值。

8.4.1 区间数与映射算子

区间数实质上是定义在实数域上的一种集合。设 R 是实数域，a_1，$a_2 \in R$ 且 $a_1 \leqslant a_2$，则区间数 A 可定义如下：

$$A=\left[a_1,a_2\right]=\{x \mid a_1 \leqslant x \leqslant a_2\} \tag{8-4}$$

当 $a_1=a_2$ 时，区间数 A 就退化成一个具有确定值的实数。因此，区间数可以被认为确定数的一种扩展，而确定数又可以看作区间数的特例。式(8-4)定义的区间数 A 描述了这样一种情况，即 x 可以取闭区间$[a_1, a_2]$上的任何一点，但究竟是哪一点却无法确定。这一方面反映了随机性和不确定性的显著特征；另一方面也与评估实践中的困境比较符合。在实际的风险与应急管理评估中，数据的匮乏和情景的复杂性往往导致决策者只能推断输入变量大致的浮动范围，而无法精确估计其取值，甚至连其基本的随机特征都难以掌握。

假设 $A=[a_1, a_2]$和 $B=[b_1, b_2]$是两个区间数，考虑到在评估的现实情景中，输入变量通常只取正值，因此这里同时假设 $a_1, b_1 > 0$，则这两个区间数的算术运算可以定义如下：

$$\begin{aligned}
A+B&=\left[a_1+b_1,a_2+b_2\right]\\
A-B&=\left[a_1-b_2,a_2-b_1\right]\\
A\times B&=\left[a_1\times b_1,a_2\times b_2\right]\\
A\div B&=\left[a_1\div b_2,a_2\div b_1\right]
\end{aligned} \tag{8-5}$$

有了式(8-5)后，可以将区间数引入风险矩阵的 4 种扩展形式，进而为输入量取值。

在具体的评估过程中，除了要求得到评估值以外，通常还会涉及比较和排序的问题。因此，需要一个能将区间数与确定数联系起来进行比较的工具，本节将之称为映射算子。

记 $w(A)$与 $m(A)$分别为区间数 $A=[a_1，a_2]$的宽度和中点，有如下定义式：

$$w(A) = a_2 - a_1$$
$$m(A) = \frac{1}{2}(a_1 + a_2) \tag{8-6}$$

可定义如下一个映射算子，将区间数映射为确定数：

$$M_\alpha(A) = m(A) + \alpha w(A), \quad \alpha \in [-0.5, 0.5] \tag{8-7}$$

式中，α 是决策者的偏好参数。

不同类型的决策者对应着不同的取值范围：①对于悲观型决策者，$-0.5 \leqslant \alpha < 0$；②对于中立型决策者，$\alpha = 0$；③对于乐观型决策者，$0 < \alpha \leqslant 0.5$。

该映射算子提供了一种将区间数与确定数在同一尺度下进行大小比较的简单途径。但同时也应注意到，该方法不仅涵盖了区间数本身所反映出的不确定性，同时又融入了决策者的主观偏好，其中难免会存在误差，所以评估结果需要格外谨慎对待。

8.4.2 算例数据与计算结果

假设 C、X 和 Y 分别表示风险、烈度和概率。其中，输入变量 X 和 Y 均为指标型变量，可以取确定值或区间数，两者的取值范围分别为[0,5]和[0,1]。表 8-15 列出了 7 项待评估风险的所有输入数据和分别应用传统风险矩阵、矩阵单元重分区、Borda 方法得到的评估结果。

表 8-15 输入数据和几种原有方法的输出结果

风险	烈度	概率	输出结果		
			TRM（d_T=2.33）	RMC（无解）	BM（无解）
R_1	5.0	0.10	中	中	8
R_2	[4.0,4.2]	0.60	高	高	11
R_3	3.8	0.90	高	很高	数据交叉
R_4	2.5	[0.15,0.30]	中	概率跨区	数据交叉
R_5	[2.2,2.8]	1.00	高	很高	数据交叉

续表

风险	烈度	概率	输出结果		
			TRM（d_T=2.33）	RMC（无解）	BM（无解）
R_6	[3.4,3.9]	[0.50,0.60]	中	高	数据交叉
R_7	[3.0,3.6]	[0.45,0.55]	中	高	数据交叉

注：TRM-传统风险矩阵；RMC-矩阵单元重分区；BM-Borda 方法

由传统矩阵分区图 3-3 和表 8-15 风险 R_4 的输入数据可知，风险 R_4 对应着低风险或中风险等级，这种模棱两可的情况会直接导致评估问题无解的局面。类似地，表 8-15 中的数据交叉表示，无论烈度变量，还是概率变量，不同的风险在计算 Borda 值时，都存在难以比较数值大小的情况。例如，风险 R_3 的烈度值 3.8 正好位于风险 R_6 的烈度区间数[3.4,3.9]内，因而枚举比较以确定 Borda 值的做法无法得到计算结果，这将导致更加严重的无解局面。表 8-15 中的评估结果充分说明，传统风险矩阵及其典型变异形式对于该评估算例已经无能为力了。

该算例中的变量关系应该满足 $C=XY$，因此可以将 4 种扩展形式中的乘法形式应用到算例中，同时使用区间数运算规则与映射算子处理相关输入数据。这样就得到了如表 8-16 所示的评估结果。

表 8-16 乘法风险矩阵扩展形式的输出结果

风险	烈度	概率	输出结果					
			α =−0.25		α = 0		α = 0.25	
			输出值	排序	输出值	排序	输出值	排序
R_1	5.0	0.10	0.50	6	0.50	6	0.50	7
R_2	[4.0,4.2]	0.60	2.43	2	2.46	3	2.49	3
R_3	3.8	0.90	3.42	1	3.42	1	3.42	1
R_4	2.5	[0.15,0.30]	0.34	7	0.44	7	0.53	6
R_5	[2.2,2.8]	1.00	2.35	3	2.50	2	2.65	2
R_6	[3.4,3.9]	[0.50,0.60]	1.86	4	2.02	4	2.18	4
R_7	[3.0,3.6]	[0.45,0.55]	1.51	5	1.67	5	1.82	5

表 8-16 中的 3 列输出结果分别对应着 3 类不同的决策者偏好。从横向看，每项风险都有清晰明确的输出值。这说明，与传统风险矩阵及其典型变异形式相比，乘法风险矩阵扩展形式不仅能处理原有方法无法应对的评估情景，而且得到的评估结果具有不错的精度。这正是采用乘法风险矩阵扩展形式的优势和创新意义。

此外，观察排序结果可以发现，3 类评估值对应的排序均有细微差别，说明在引入不确定性的情况下，乘法风险矩阵扩展形式得到的评估结果具有偏好参数依赖性。如果处理不当，可能会带来主观判断导致的误差。

8.4.3 灵敏度分析

为了使扩展形式得到的评估结果更加严谨和稳定，必须减小决策者因主观偏好带来的误差，这就需要对偏好参数进行灵敏度分析，从而识别它对评估排序的影响规律。

首先，计算各项风险对应的评估结果 C 的值域，所有结果如表 8-17 所示。根据表 8-16 的计算结果，对各项风险进行归类，将所有值域存在交叉的风险归为同一组。如表 8-18 所示，第 1 组是风险 R_3，它对应的输出值是 3.420，毫无争议地具有最高的风险等级；第 2 组是风险 R_5、R_2、R_6、R_7，它们两两之间都存在一重甚至两重以上的值域交叉现象，但又同时比余下风险的值域高，因此居于中间地位；第 3 组是风险 R_4 和 R_1，它们之间也存在值域交叉的现象，但因为从总体来看，数值最低，因此被归在风险等级最低的第 3 组。这样，全部 7 项风险就被划分为三大组。

表 8-17　C 的值域

风险	R_1	R_2	R_3	R_4	R_5	R_6	R_7
值域	0.500	2.400～2.520	3.420	0.375～0.750	2.200～2.800	1.700～2.340	1.350～1.980

表 8-18 风险分组

风险	第 1 组	第 2 组				第 3 组	
	R_3	R_5	R_2	R_6	R_7	R_4	R_1
值域	3.420	2.200～2.800	2.400～2.520	1.700～2.340	1.350～1.980	0.375～0.750	0.500

其次，根据乘法风险矩阵扩展形式的计算规则和映射算子构建如下方程，再求解影响第 2 组和第 3 组风险评估排序结果的偏好参数 α 的临界值。

$$
\begin{aligned}
&0.6M_{\alpha}([4.0,4.2]) = M_{\alpha}([2.2,2.8]) \\
&M_{\alpha}([2.2,2.8]) = M_{\alpha}([3.4,3.9])M_{\alpha}([0.50,0.60]) \\
&M_{\alpha}([3.4,3.9])M_{\alpha}([0.50,0.60]) = M_{\alpha}([3.0,3.6])M_{\alpha}([0.45,0.55]) \\
&2.5M_{\alpha}([0.15,0.30]) = 0.5
\end{aligned} \tag{8-8}
$$

最后，解式(8-8)中的方程 1～方程 4。方程 3 有可行解 $\alpha = -0.083$；方程 4 和方程 1 均没有位于区间[−0.5，0.5]的可行解；方程 2 有可行解 $\alpha = 0.167$。根据此结果可以推断，7 项待评估风险的排序结果如下：

$$
R_3 > (R_2, R_5) > R_6 > R_7 > (R_4, R_1) \tag{8-9}
$$

式(8-9)中标括号的部分表示其内部的风险排序并不确定，会受到偏好参数取值的影响。图 8-4 列示了该评估算例中所有可能的排序结果。可以看到，风险 R_2 与 R_5 会随着偏好参数取值的变化而交换位置，R_1 与 R_4 也有类似现象，而它们交换排序相对位置所对应的 α 值正是式(8-8)中 α 的两个可行解。因此，在 α 值由极端悲观型向极端乐观型过渡的过程中，无论该算例中各项风险具体的输出结果值是多少，其排序情况均可被划分成以 α 的两个可行解为临界点的 3 个区段，正好对应 3 种不同的排序结果。

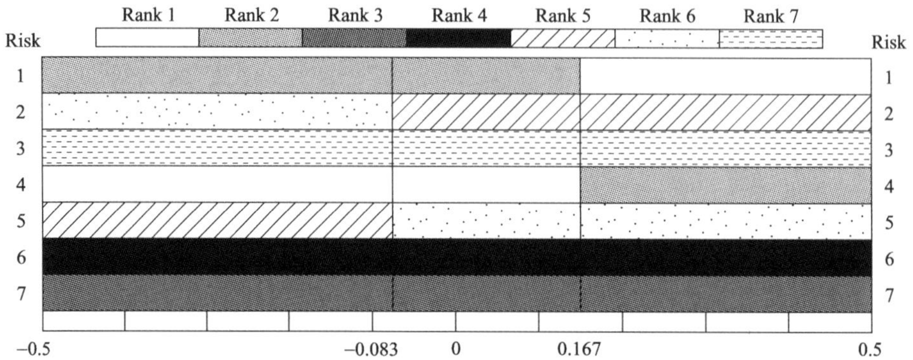

图 8-4 7 项风险的所有排序结果

Risk 表示风险，Rank 表示风险评估排序

另外，本例中 α 的临界值均较靠近 0 点，所以偏好参数在 0 点附近的取值对于排序结果的影响非常灵敏。因此，如果决策者恰好是非激进的悲观型或非激进的乐观型，那么评估结果尤其需要谨慎对待。

8.5 本章小结

本章对综合风险分析方法进行了回顾，进一步阐述了综合风险分析方法的使用方法以及如何合理使用风险矩阵的 4 种扩展形式。运用综合风险分析方法对校园风险管理和区域灾害风险评估两个案例进行了分析和评估，进一步说明了风险矩阵的 4 种扩展形式可针对不同阶段、不同性质、不同类别的突发事件进行风险分析，既可以避免传统风险评估方法的缺点，又可以增强综合风险分析方法的适用性，为分析突发事件风险提供了新思路。

第 9 章　应急管理事中评价方法

应急评价是应急管理中一项复杂而重要的工作，它不仅是突发事件预防、救援和应对的基础，而且是科学决策的依据。评价工作贯穿在应急管理的全过程中。

按照时间维度，可将应急管理评价分为事前评价、事中评价和事后评价。事前评价是对潜在突发事件危险程度的预测性评估，为防灾减灾提供决策依据。事后评价是指在突发事件结束后，对事件和应急处置情况进行的实测性评估，包括损失评估和应急处置机构的能力评估等。事中评价的研究与讨论目前较少，它是针对突发事件中的人和物，包括突发事件本身状态的一类实时监测性评估，并随着事件的发展及时更新，直至事件结束，从而为应急处置提供及时有效的决策依据。

9.1　应急管理事中评价概述

9.1.1　应急管理全生命周期

1978 年，美国全国州长协会(National Governors Association，NGA)的

应急准备项目最终报告提出了应急管理的四个阶段：减灾(reduction)、准备(readiness)、响应(response)、恢复(recovery)，即四个“R”，如图9-1所示。

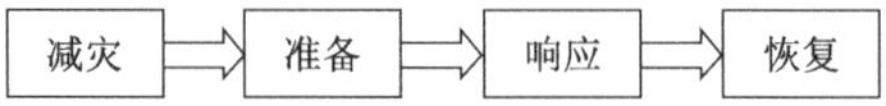

图9-1　应急管理全过程中的四个“R”

减灾不仅包括所有可切实消除或减少灾难发生可能性的活动，还包括旨在减轻无法避免的灾难后果的各种长期活动。准备活动的必要性取决于减灾措施未能或无法防止灾难发生的程度。在准备阶段，政府、组织及个人编制预案以挽救生命和减少灾害伤害。响应是紧随突发事件或灾难后的行动，通常包括为遇险人员提供紧急援助，以及减少次生灾害的可能性和加快恢复的行动。恢复活动一直持续到所有系统恢复到正常或更好的水平，包括短期恢复活动(即将关键生命线系统恢复到最低运行标准)和长期恢复活动(可能会持续到灾后数年,其目的是使生活恢复到正常状态或更高的水平)(李湖省，2010)。

一般而言，从时间角度可以将应急管理分为事前、事中和事后三个阶段，突发事件的发生和结束是从一个平衡状态被破坏到新平衡态的形成。应急响应阶段，即事中阶段，是应急管理的核心，主要包括信息获知、有效反应、重点应对和快速恢复四个阶段(陈安等，2009)。突发事件在整个发展过程中会表现出不同的特点，因此各个阶段分别有其不同的应对措施。在这四个阶段之前，还应有预测预警、风险识别评价，在快速恢复阶段之后，还应有全面恢复，以获得系统新平衡态(图9-2)。

与应急管理的事前、事中和事后三阶段划分相对应，应急管理中的评价也可分为事前评价、事中评价和事后评价，与四阶段划分相对应，事前评价主要涉及减灾和准备阶段，事中评价主要涉及响应阶段，事后评价主要涉及恢复阶段。

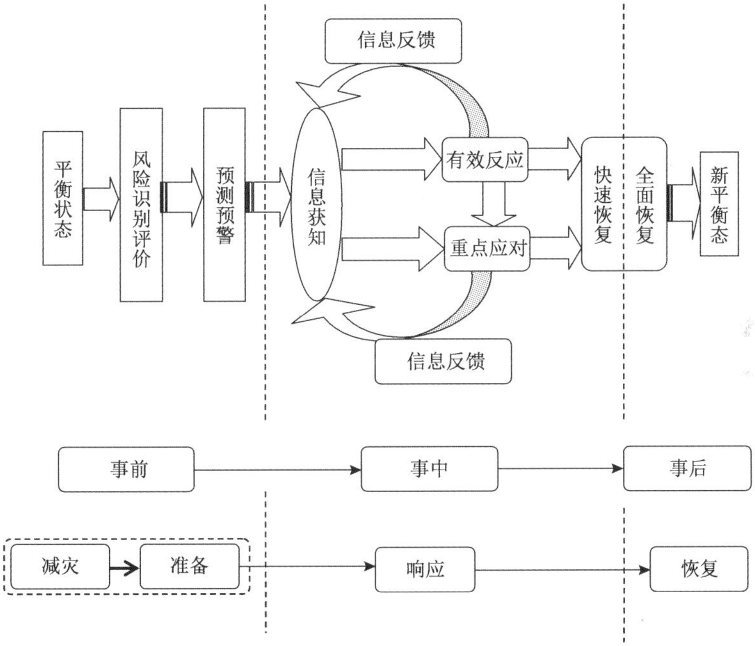

图 9-2 应急管理全生命周期

事前评价和事中评价属于面向未来的评价，而事后评价是面向既定结果的评价。不难理解，面向未来的评价在应急管理中往往对减少损失意义更大。事实上，事中评价是应急管理评价中最复杂、最重要的一部分，直接影响着事件造成的损失和影响范围。

9.1.2 事中评价的三种评价方式

整体上，事中评价是通过分析影响应急响应措施和行动的相关因素，对有关突发事件的态势、发展趋势、受灾客体状况、应急主体的能力等进行的实时度量和评价，用以辅助应急管理者制定事态控制、受灾客体救援和受损基础设施快速恢复等应急决策。事中评价包括对事件的可减缓程度、被困人员和财产的可救援程度以及受损客体的可恢复程度的评价，因此事中评价可以分为三类具体的评价策略，即可减缓性评价、可救援性评价和可恢复性评价(Chen et al.，2012；陈安等，2010)。

可减缓性评价用来度量一个事件可以被减缓的程度，即通过应急措施可以在多大程度上影响事件的进程，影响层面包括事件的演化时间和造成的价值损失两个维度。在可减缓性度量中，应急管理人员分析突发事件的影响因素，采取可行的措施降低突发事件造成的损失，推迟其发生发展的时间。可减缓性评价的度量对象是事件本身，它是对事件本身属性的一种客观反映，可为事件减缓方案的选择提供决策依据。

可救援性评价，又称可挽救性评价，是指在突发事件发生后，应急处理完成前，对灾难的现状和未来可能造成损失的补救情况的度量。可救援性测度的着眼点在于突发事件中涉及的被困人员和物资财产等受灾客体被挽救的可能性与必要性，即被困客体是否值得去救，以及救援优先级排序的评定。可救援性评价是对救援行动的必要性和成功可能性的度量，可为应急救援决策提供依据。

可恢复性评价针对的是应急管理生命周期中的快速恢复阶段，度量的是受损客体恢复到基本可运行水平的可行性，它一般是对电力、通信、水等重要基础设施的恢复难度进行的快速评估，客体的价值水平越低，则可恢复性越小。可恢复性评价结果的及时性和准确性对应急管理措施的选择和执行有重要影响。

三类事中评价策略的含义可用图 9-3 进行直观描述。在此，可将受灾客体的功能状态分为基本可运行状态、失效状态、当前状态、减缓后状态和最优状态。具体而言，基本可运行状态是保持客体具备基本功能的最低状态水平，失效状态是客体无法运转也不可恢复的状态水平，当前状态即客体的即时状态，减缓后状态是采取应急措施后客体的状态水平，最优状态是客体无故障运行的最高状态水平。图 9-3 中的符号含义如表 9-1 所示。

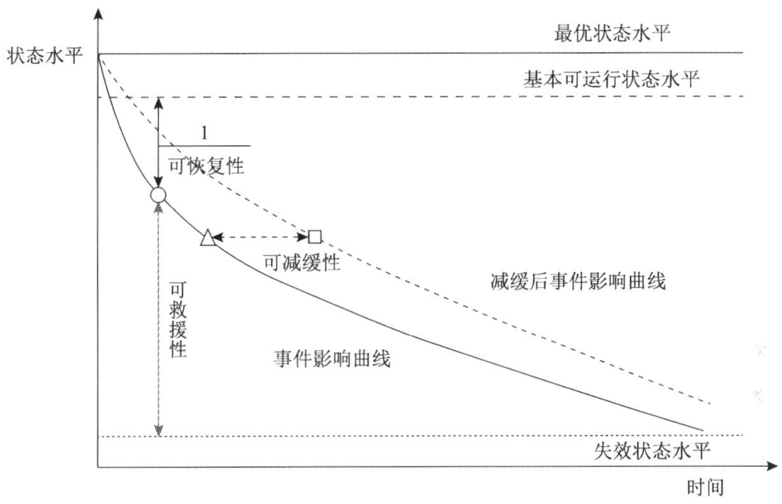

图 9-3　事中评价策略示意图

表 9-1　事中评价策略示意图符号及含义解释

符号	含义
——	最优状态水平
------	基本可运行状态水平
········	失效状态水平
（实线曲线）	无干预情况时客体状态在突发事件影响下随时间的变化曲线
（虚线曲线）	采取应急措施后客体状态在突发事件影响下随时间的变化曲线
○	客体的当前状态
△	无减缓措施情况下客体未来某一时刻的状态水平
□	采取减缓措施后客体未来某一时刻的状态水平
←-→	无干预状态与采取措施情况下，客体状态水平降低到某一值的时间差，即应急措施在时间维度上的影响
（虚线双向箭头）	当前状态水平和失效状态水平之间的距离，即可救援的价值
↕	当前状态水平距基本可运行状态水平之间的距离。显然，随着客体水平的不断下降，恢复到基本可运行状态水平的难度也会随之增大，故这里取可恢复性的倒数

在有些情形下，由于事件紧迫、人员和资源有限，减缓、救援和恢复行动可能会存在相互制约的状况，即有效的资源和人员应该如何进行安排，使事态能得到控制、人员和物资财产能得到救援、受损的基础设施能得到恢复。在这种情况下，就需要对三者进行综合考虑。

一般来说，对事件进行减缓是为了争取更多的时间使更多的人员和物资财产能够抢救出来。可减缓性影响可救援性，一般可减缓性越大，则相应的可救援性越大。而可恢复性和可救援性也存在直接联系，一般可救援性越大，说明客体状态越好，相应的可恢复性也会越大。

9.1.3 事中评价的意义与特点

可减缓性、可救援性与可恢复性评价都是在事中进行的评价，它们均具有以下特点：

1）都是面向未来的评价。3 种评价策略都是对还没有发生的未来可能会进行的事项的评价，着眼点都是将来，这也是事中评价难度较大的原因，在评价过程中需要对各种潜在因素进行分析，分析结果对未来操作的意义更为显著。

2）都是即时的评价。应急管理的一大要求就是评估的时效性和有效性，及时准确地对灾害及其影响做出评估可以减少损失，提高应急管理的效率。要保证决策的准确及时，必须在第一时间获取有效信息，并对可减缓性、可救援性和可恢复性进行评价，同时合理安排救灾计划。

3）都是动态的过程。随着时间的推移和事件的不断发展，各种条件在不断变化，获取的有效信息越来越多，相应的评价结果也会随之变化。因此，应该不断进行评估，从而得到更为准确的结果。

事中评价可以为应急响应措施选择、资源分配和行动的实施提供决策依据，利用最小的代价实现事态控制、人员抢救和设施恢复。3 种评价策略由于在评价目标、评价对象、时间选择等方面有不同的侧重，这为应急管理者在事件处置方案选择、救援方案选择等提供了不同的依据。

1）可减缓性评价实质上是衡量突发事件本身性质的一个指标，是对主体而言的，旨在明确还有多少时间进行撤离，可以在多大程度上左右突发事件的进程，救援力量应该重点集中在事件发展的哪个阶段。可减缓性评价可以帮助应急管理者有效地分配抗灾物资和设备，使事件最大限度地得以控制。

2）可救援性评价是对客体而言的。具体来讲，可救援性评价是从挽救可能性和必要性上度量救援行动是否要进行，评估救援对象到底是否值得去救，以及有多个客体等待救援时哪一个客体更值得救，哪一个客体应该优先救。可救援性评价可以辅助应急管理者决定救援顺序和救援行动。

3）可恢复性评价是对客体而言的，其旨在明确受影响客体恢复到基本运行状态水平所需的资源和时间。通过可恢复性评价可以知道恢复过程需要多少成本和时间。

从宏观来看，3 种评价策略均贯穿于应急管理全过程中，但从微观来看，三者对时间点的选择存在差别。一般来说，可减缓性评价是在事件爆发初期、开始造成损失时进行的，是对发展演化趋势可以被减缓或干预的突发事件进行的评价。例如，对于火灾，可以通过移除可燃物质、切断蔓延路径等方式阻止其增长；而对于一些突发的灾害，如台风、地震等，可减缓性评价作用有限。可救援性评价是在事件发展过程中有人员或物资财产被困时进行的评估，如剧烈台风来袭时，首要任务就是快速撤离当地居民和重要物资，从而降低可能造成的损失。该过程就需要可救援评价度量成功进行人员和物资撤离的可能性和必要性。可恢复性评价一般是在事态发展已基本稳定，没有严重的次生衍生灾害发生时，对受损基础设施快速恢复到基本可运行状态水平的一种度量。在应急管理过程中，3 种评价策略往往是同时进行的，是不可分割、相互影响的，它们从不同角度为应急决策提供支持。图 9-4 是 3 种评价策略的作用时间示意图。

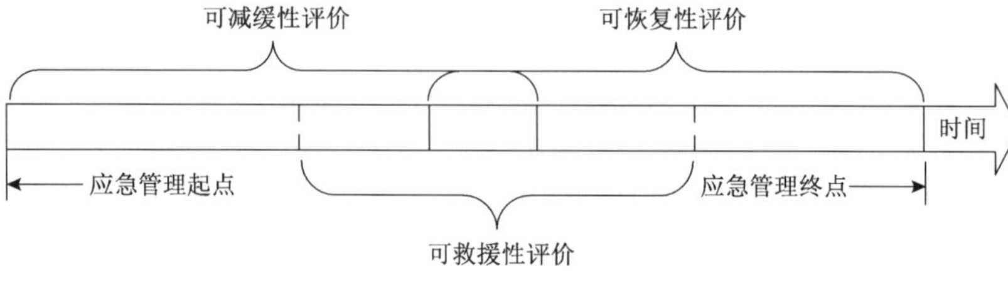

图 9-4 事中评价策略作用时间示意图

9.2 应急管理事中评价分析框架

对于事中的应急响应措施和行动，应急管理者最需要知道的一是它们能否成功或者说成功的可能性到底有多大，即应急响应措施成功实施及取得预期效果的概率大小；二是是否值得去实施，即应急响应行动的经济效益和社会效益如何。因此，简单来说，事中评价可从可能性和必要性两个维度进行度量。

应急响应措施能否成功受突发事件的类型、发展演化状态、应急主体的救援能力等影响。同样，救援是否应该去执行也受救援客体的类型、状态及其社会影响等影响。在此，对影响可能性和必要性的相关因素进行系统分析与总结，进而构建应急管理事中评价的度量框架，在此基础上给出事中评价的概念模型和事中评价的一般流程。

9.2.1 事中评价度量框架及其影响因素

应急管理过程中的主要措施包括减缓突发事件的发展演化速度、抢救被困人员和物资财产、恢复受损客体等，可能性度量的目的就是测度这些应急响应措施成功实施的概率和效果。应急措施的选择主要受灾害、承灾体和资源三个方面的影响。应急管理要进行，是因为突发事件对承灾体产生了损害，如果突发事件发生在偏远地区，没有影响人员、财产、环境等，则没必要进行应急响应和救援。快速准确地识别灾害状态和受灾客体的特征，对救援行动的制定与成功实施有重要影响。受损客体的主要影响因素包括类型(是人员，还是物资财产)、数量、受损程度(受损强度和受损持续时间)、所处环境。资源主要是指应急救援主体的应急能力，包括救援资源、人员设备等。

必要性度量包括损益度量和价值度量。损益度量，即从客观的经济角度出发，比较救援收益与救援成本的大小。救援收益在很大程度上等同于采取应急措施可以避免或挽回的显式损失量。救援成本主要是指为救援行动而耗费的人、财、物等资源的代价。价值度量主要受客体属性和类型的影响。例如，灾难中任何物资财产的价值远远比不上被困人员的生命价值。因此，在同等条件下，被困人员比物资财产具有更加显著的救援必要性。对于在同一灾难中受损的物资财产来说，紧急物资的救援必要性必然高于普通财产，而公用财产也往往比私有财产更具有救援必要性。

可能性和必要性度量为应急管理者提供了直观的决策依据，但是很多时候，决策者的风险偏好和风险容忍度影响着最后的决策。风险偏好受个人的性格、风险认知和经验等因素的影响，风险容忍度则主要受评估复杂性和不确定性所带来的结果可靠性的影响。综上所述，事中评价的基本框架如图 9-5 所示，只有综合考虑突发事件的特征、救援客体的状况、救援物资的成本、决策者的个人偏好等多个因素，才能更加准确有效地进行事中评价。

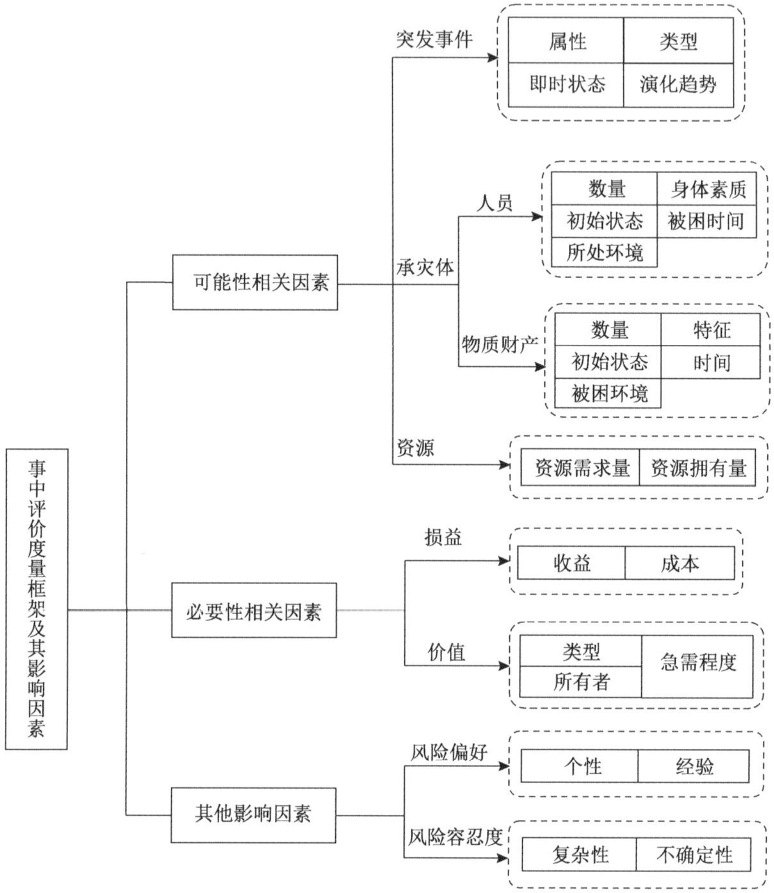

图 9-5　事中评价度量框架及其影响因素

9.2.2　事中评价概念模型

由事中评价度量框架及其影响因素分析可以看出，应急响应行动是否应执行主要由可能性和必要性两个指标决定。具体而言，可能性($DIPA_p$)由突发事件(d)、承灾体(o)、资源(r)决定，而必要性($DIPA_n$)主要受损益(p)和价值(v)影响。因此，可以给出一个事中评价的概念模型：

$$
\begin{aligned}
\mathrm{DIPA_p} &= f(d,o,r) \\
\mathrm{DIPA_n} &= g(p,v)
\end{aligned}
\tag{9-1}
$$

式中，f是突发事件、承灾体和资源的函数，用来评估可能性；g是损益和价值的函数，用来评估必要性。必要性和可能性均标准化到[0,1]。函数 f 和 g 由评估者根据统计信息、专家意见等给出，而最终得出的结果也必然是在[0,1]的一个值。例如，资源方面的函数，可以用资源需求量(rq)和资源拥有量(rv)的比值来度量，也就是说，可调度的资源越充足，成功响应的可能性越大。

$$r = \min\left(1, \mathrm{rq} / \mathrm{rv}\right) \tag{9-2}$$

由于事中评价的复杂性和评估者的个人差异，最终的结果要在考虑评估者的风险偏好(pf)和风险容忍度(tl)的基础上进行调整。由此，可得到事中评价(DIPA)的整体概念模型：

$$\mathrm{DIPA} = (\mathrm{DIPA_p}, \mathrm{DIPA_n} \mid \mathrm{pf}, \mathrm{tl}) \tag{9-3}$$

如果把可能性和必要性简单分为高和低两种情况，那么事中评价的结果就可划分成如图9-6所示的四个区间：无意义型、风险型、简单型、理想型。

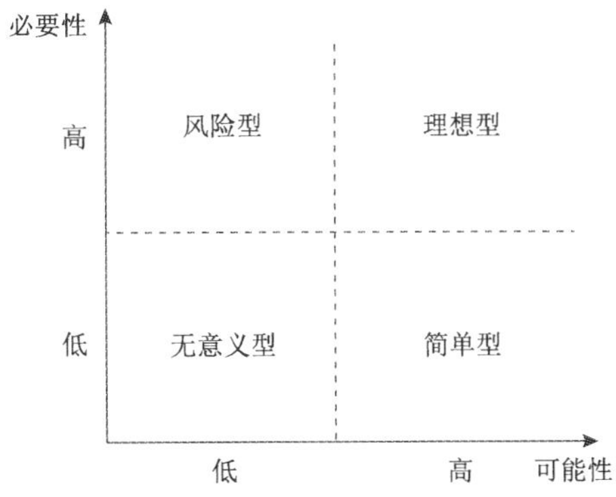

图 9-6 事中评价结果矩阵图

1)无意义型(低可能性-低必要性)：在该区间，可能性和必要性都很低，应急响应成功的可能性很低，而且基本没有意义。在这种情况下，可认为无须采取任何应急响应措施和行动。

2) 风险型(低可能性-高必要性)：在该区间，应急响应成功的可能性很小，但必要性很大，一般是因为涉及人员或重要的基础设施。在这种情况下，采取应急响应措施和行动需要冒很大风险，但收益也很大。

3) 简单型(高可能性-低必要性)：在该区间，成功实施应急响应措施和行动的可能性很高，但必要性很低。在这种情况下，是否采取行动在很大程度上取决于决策者的个人偏好。

4) 理想型(高可能性-高必要性)：在该区间，应急响应措施和行动成功实施的可能性很高，而且收益很大，这是一种最理想的状况，即完全可以掌控事态发展。

在应急管理过程中，事中评价的结果可以为应急管理者在对突发事件应急管理的各阶段提供决策依据。例如，若评价结果在理想型区间，则应立即实施应急响应措施和行动，减缓事件发展，降低损失。此外，事中评价结果还可以帮助管理者解决资源有限时多救援点救援优先级的问题，一般来说，人员的救援处于绝对优先的位置。

9.2.3 事中评价应用流程

一般而言，事中评价的应用流程如下：

1) 信息获取。及时、准确、充分的信息是有效评估的基础。随着信息技术的发展，在应急管理过程中可以通过先进的监控技术、预测技术等方式获取评估所需的信息。

2) 策略选择。事中评价的 3 种评价策略分别是在不同的时间点，基于不同的对象和目的而划分的，其评估结果可以为应急管理者提供不同的决策支持。因此，评估者应根据当时的情景和需求选择不同的评价策略。一般而言，3 种评价策略是相辅相成的，综合考虑 3 种评估结果可为应急管理者提供更全面的信息。

3)指标选取。选择评价策略之后，依据事中评价的度量框架，结合具体的突发事件和情景，选取相关的评价指标。在指标选取时，应按照相关性强、易获取、易量化等原则进行。

4)评估。基于选取的指标，根据不同评价策略的具体模型，从可能性和必要性两个维度对事中评价进行综合测度。

5)决策。依据评估结果，同时加入决策者的风险偏好和风险容忍度来辅助修正评估结果，从而进行最终决策。

事中评价的最大特点是信息在不断变化，因此评价需要随着事件的发展、情景的变化动态而进行更新，整个事中评价流程可用图 9-7 进行描述。

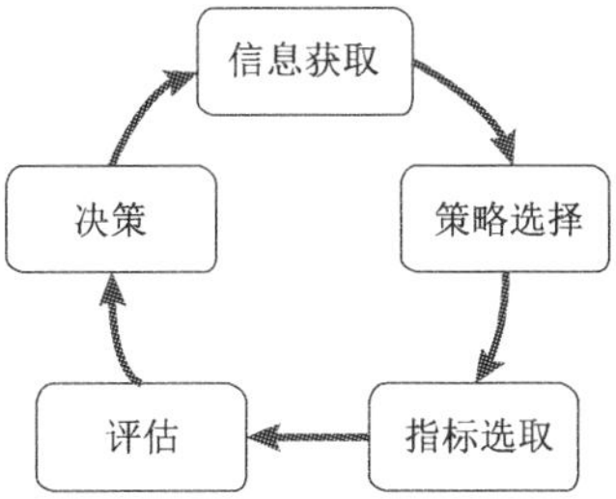

图 9-7　事中评价应用流程图

9.3　应急管理事中评价概念模型

9.3.1　可减缓性评价模型

在应急管理过程中实施减缓措施的直接目的是降低突发事件造成的损失，使承灾体被破坏的速度变慢甚至中止，最后可能降低承灾体本身的损失甚至不造成损失，同时为受灾人员争取更多的逃离时间，从而降低人员伤亡，为物资或设施争取更多的转移或保护时间。

应急管理应进行是因为突发事件对承灾体造成了破坏，突发事件和承灾体是应急管理的两个基本要素。突发事件是致灾因子在一定的条件和环境中累积而爆发的，承灾体包括人、物、环境三部分。

事实上，突发事件的整个过程可以看作一个能量聚集的过程，致灾因子、承灾体、孕灾环境的相互作用使系统的能量开始聚集，如果有合适的出口使能量在聚集的过程中得到释放，那么未释放的能量始终不足以引起质变，事件也就一直不会发生。反之，如果没有合适的出口，能量聚集到一定程度，达到临界点爆发出来，对外就表现为突发事件的发生。根据发生机理，可将突发事件的发生分为突发和渐发两种类型，区别主要在于人类是否事先掌握事件要发生的信息，如果事先知道，则认为是渐发，否则就称为突发。发展机理可从空间上的扩展和烈度上的增强两个方面进行分析。对应于火灾，空间上的扩展可以是从一座楼烧到另一座楼，而烈度上的增强则可以是火势由小变大。一个事件有可能由其他事件诱发，也有可能会诱发其他事件，对于多事件之间存在的这种关系，可细分为转化、蔓延、衍生、耦合四个不同的机理模式，如图 9-8 所示。

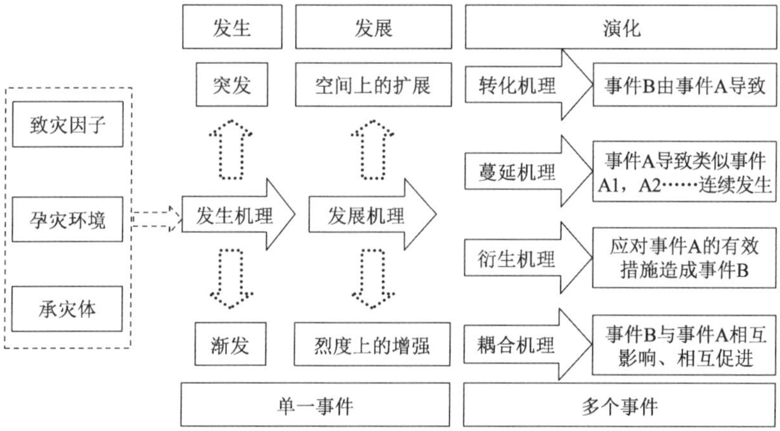

图 9-8　突发事件的原理性机理

应急救援中采取措施对突发事件进行减缓，其实质是对突发事件及承灾体进行控制，延缓灾害发展过程，降低对承灾体的破坏。按照应急响应措施作用对象的不同，可将减缓方式归纳为以下三种。

1)从致灾因子的角度进行减缓。抽离推动灾害发展的内部因素，使其无法发挥作用。例如，在大火中将可燃物搬离火场，或者将氧气与可燃物分离，就可以有效降低燃烧的力度,从而发挥减缓火灾的作用(如灭火器的原理就是将氧气与可燃物分离开)。但这种减缓方式对于台风、地震等突发事件来说没有效果。

2)从孕灾环境的角度进行减缓。去掉或减弱推动灾害发展的外部助力，使其无法正常发挥作用，从而延缓灾害烈度的增强和范围的扩大。

3)从承灾体的角度进行减缓。通过采取措施增强承灾体抵抗突发事件的能力，或者通过一些方式转移承灾体，躲避突发事件的破坏，进而减少损失。例如，矿难中给被困矿工输送食品和氧气就是为了提高其生存能力而采取的加固策略。

通过可能推迟的时间和可降低的损失，可度量可减缓性评价的减缓可能性。假设 s_0 是突发事件的初始阶段，s_n 是突发事件的最终阶段，s_i 和 s_j 是事件发展过程中的两个阶段点，满足 $s_0 \leqslant s_i \leqslant s_j \leqslant s_n$。假设在 s_i 点采取措施进行减缓，那么，s_i 阶段点到 s_j 阶段点在减缓措施采取前后的时间差异大小，就可反映出减缓可能性的大小，相关定义如下。

$t'(s_i,s_j)$：采取减缓措施后事件由 s_i 阶段点发展到 s_j 阶段点的时间；

$t(s_i,s_j)$：无减缓措施时事件由 s_i 阶段点发展到 s_j 阶段点的时间；

$v'(s_i,s_j)$：采取减缓措施后事件由 s_i 阶段点发展到 s_j 阶段点产生的损失；

$v(s_i,s_j)$：无减缓措施时事件由 s_i 阶段点发展到 s_j 阶段点产生的损失；

$c(s_i,s_j)$：由 s_i 阶段点到 s_j 阶段点采取减缓措施所付出的成本。

因此，可减缓性评价模型可表达为

$$V_{\mathrm{p}}=\alpha\frac{t'(s_i,s_j)-t(s_i,s_j)}{t(s_i,s_j)}+(1-\alpha)\frac{v(s_i,s_j)-v'(s_i,s_j)}{v(s_i,s_j)} \tag{9-4}$$

$$V_{\mathrm{n}}=\begin{cases}1 & \text{被困人员}>0\\ \dfrac{v(s_i,s_j)-v'(s_i,s_j)-c(s_i,s_j)}{v(s_i,s_j)} & \text{无被困人员}\end{cases} \tag{9-5}$$

式中，V_{p}和V_{n}分别表示减缓的可能性和必要性；α是衡量两个维度相对重要性的系数，其值在[0,1]，一般根据实际情形由应急管理者决定。可减缓性评价着重考虑的是可能性，而减缓的必要性作为辅助指标可在选择方案时提供决策依据。

9.3.2 可救援性评价模型

突发事件发生后，应急管理的首要目标应当是成功救援。如果应急救援的资源是无限的，那么只要有受灾客体的存在，就有实施救援的义务。然而在现实中，可供调度的应急资源通常十分有限。因此，如何确定受灾客体的可救援性，从而合理调度资源，获得救援行动效益的最大化是一个值得研究的问题。

可救援性评价是指在突发事件发生后，应急处理完成前，对灾难的现状和未来可能造成损失的补救情况的度量。可救援性测度的着眼点在于突发事件中涉及的承灾体(即被困人员和物资财产等)被挽救的可能性与必要性。

可救援性评价是一个动态的过程。灾难所造成的损失随着时间的推移呈现出不断变化的趋势。如图 9-9 所示，横轴 T 表示时间，纵轴 V 表示客体状态水平，V_0 表示客体的失效状态。随着时间的推移，突发事件不断发展演化，突发事件中的主体、客体偏离无损状态的幅度会越来越大，可救援价值也会越来越小，当客体状态降到失效状态以下时，即使救援成功也已没有价值，即已没有进行可救援性度量的必要性。因此，可救援性评价应随着时间的推移进行及时调整。

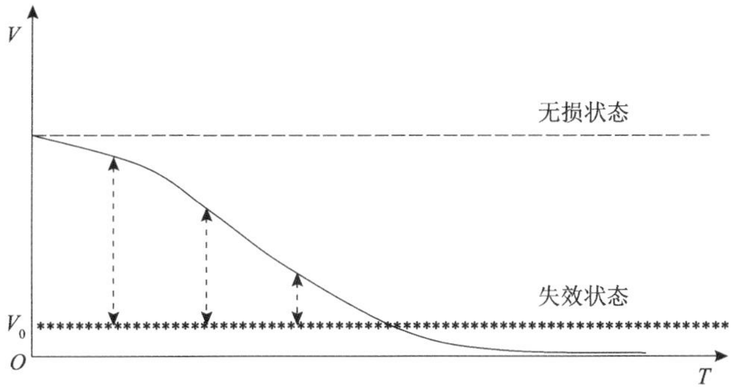

图 9-9 可救援价值的变化曲线

救援客体的可救援性度量主要从挽救的可能性与必要性两个角度进行考察。可能性表征救援成功的希望，是为了尽量避免徒劳无功的行动；必要性更多的是一种经济意义上的指标，用于衡量救援对象的价值和救援行动的效益，这在讨论物资财产的挽救时意义会更明显。可救援性的基本模型如下：

$$V_{\text{res}} = \left(V_{\text{p}}, V_{\text{n}}\right) \tag{9-6}$$

其中：

$$V_{\text{p}} = \omega^{\text{c}} V_{\text{p}}^{\text{c}} + \omega^{\text{m}} V_{\text{p}}^{\text{m}} \qquad V_{\text{n}} = \min\left(V_{\text{n}}^{\text{c}} + V_{\text{n}}^{\text{m}}, 1\right)$$

式中，V_{p}^{c} 是人员被成功救援的可能性；V_{n}^{c} 是人员被成功救援的必要性；V_{p}^{m} 是物资财产被成功救援的可能性；V_{n}^{m} 是物资财产被成功救援的必要性；权重 ω^{c} 和 ω^{m}（$\omega^{\text{c}}, \omega^{\text{m}} \in [0,1]$ 且 $\omega^{\text{c}} + \omega^{\text{m}} = 1$）代表人员和物资财产的相对重要性。

9.3.3 可恢复性评价模型

可恢复性评价可被定义如下：在突发事件发生后，应急管理结束前的这段时间内，对于事件的现状恢复到基本正常状态能力的评价以及完成恢复所需要时间和资源的评价。

在应急管理的整个生命周期中，可恢复性评价都起着至关重要的作用。可恢复性评价不但为应急决策提供辅助信息，提高了应急救援的速度，最大限度地减少资源的浪费和次生衍生灾害的发生，而且提高了舆情的可信度。可恢复性评价可以给公众带来关于在何时会恢复到基本均衡的生活状态的信息，从而消除未知性造成的恐慌。

按照恢复目标和应急管理的不同阶段，可将恢复分为应急响应阶段的快速恢复和灾后重建阶段的全面恢复两个阶段。

应急响应阶段的快速恢复是指在灾难发生后，为保障应急管理工作的顺利开展和灾民基本生活而进行的交通、通信、供水、供电、医疗设施等基本生活保障与其他资源的恢复，是一个应急过渡阶段。由于应急响应阶段要恢复的受损物均为急需的设施等，所以应急响应阶段在恢复时间性方面的要求较高，往往不惜成本使急需的受损物能够在更短的时间内恢复。这是因为，受损物在没有达到最低需求的时间段内给人们生活带来的其他物质上和精神上的损失往往是巨大的。

灾后重建阶段的全面恢复是指对受损区域进行全面建设，使受损区域内几乎所有受损物恢复到原有水平或者更高水平。灾后重建阶段恢复的对象类型比较全面，需要恢复人们正常生活中所需要的设施和资源。灾后重建阶段在时间方面的要求比应急响应阶段低一些，该阶段的恢复重建往往更注重恢复的成本和质量问题。受损物在灾后重建阶段恢复的功能水平可以是相当于受损物原来的水平，也可以是低于或者高于受损物原来的水平。要恢复到什么水平需根据当地人民对受损物的需求水平而定。

可恢复性评价的目标包含不同类型，可以是单一的对于能否恢复、恢复水平、恢复时间或者恢复所需资源的评价，也可以是将单一目标综合的多重目标的评价。目标的选取应根据现实的要求来确定，在不同的信息条件和决策需求下，目标应当有所不同。对于不同的目标，选取的评价指标和评价方法也有区别。例如，在应急管理的信息获取阶段，信息量非常少而且决策者在此阶段要做的是紧急调配救灾资源，评价的目标就是根据有限的信息和以往的救灾经验来确定要调集的物资和人员数量，评价的指标是所需人员和物资的数量，评价方法则是结合实际情况采取资料分析法。在应急管理的终止阶段，即快速恢复阶段，评价的目标是多重的，包括完成快速恢复的时间和所需的最优资源数量等。评价问题可以通过建立某些类型的数学模型，用动态规划、模糊数学或者最优控制等方法来解决。

根据突发事件类型的不同，可恢复性评价的评价对象有不同的分类。一般而言，突发事件的受灾体可分为人和物两大类。人的恢复需要从医学专业的角度进行评判，因此可恢复性评价暂不考虑人的可恢复性，只考虑物的可恢复性，即可恢复性评价是评价某项受损功能恢复到给定目标的可能性和必要性。

在应急管理过程中，应急资源通常是有限的，完全满足需求的情况只有在特殊情形下才有可能实现。因此，应急管理过程中一个重要的问题就是对不同区域和部门的优先级做出评价，并以此确定恢复工作的先后顺序。

一般来说，功能的实现要依赖很多因素。例如，若要恢复供电系统的正常运行，需要保证发电厂、变电所、输电线路、用户电路均可用。如果供电系统被破坏，则在度量其可恢复性时要综合考虑以上几个因素。当评价基于整个恢复区域时，指标应选取建筑物、生命线工程、水利工程、土木工程等的破损比例。

从整体上说，在资源供应充足时，恢复的可能性取决于当前状态和目标状态的差距。在实践中，恢复过程一般会被划分为不同的子阶段，应急管理者按照从低到高的顺序给定在每一阶段的恢复目标。为了定量分析，可用数值反映每一阶段的目标，设 Goal_i 为第 i 阶段的恢复目标，则有

$$\mathrm{Goal}=\left\{\mathrm{Goal}_1,\mathrm{Goal}_2,\cdots,\mathrm{Goal}_n\right\},\mathrm{Goal}_i\in\left[0,1\right] \tag{9-7}$$

例如，有学者将震后电力系统的恢复过程以恢复至原有功能的30%、60%和100%为标准分成三个子阶段（Sun et al.，1994）。

假设恢复过程涉及 m 项恢复指标，每项指标均有其恢复目标和即时状态，最终目标是通过所有相关因素的恢复实现整体功能。如图 9-10 所示，即时状态距离目标状态越远自然越难恢复，即恢复可能性越小。因此，恢复可能性可用各项指标的即时状态与目标状态比值的加权和表示：

$$V_{\mathrm{p}}=\sum_{j=1}^{m}\omega_j\frac{\mathrm{Sta}_j}{\mathrm{Goal}_j} \tag{9-8}$$

式中，$\omega_j\left(\omega_j\in\left[0,1\right],\sum_{j=1}^{m}\omega_j\right)$为第 j 项恢复指标的权重，表示第 j 项指标在恢复过程中的重要程度；Sta_j 为指标 j 的即时状态；Goal_j 为度量阶段指标 j 的恢复目标。因此，恢复可能性是一个在[0,1]的值，值越大代表成功恢复的可能性越大。

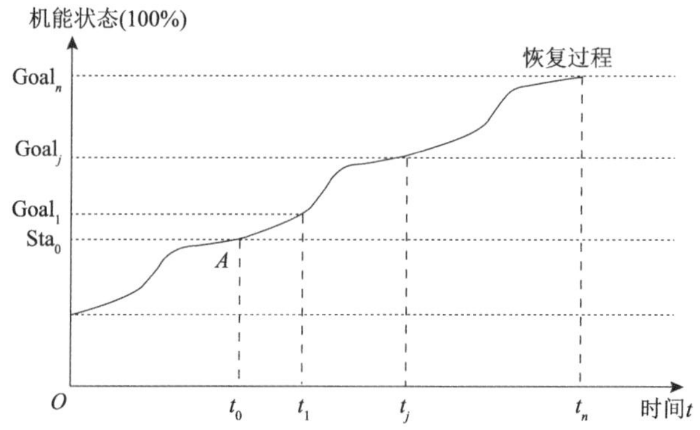

图 9-10　分阶段恢复过程示意图

9.4 本章小结

本章主要以应急管理事中评价为研究对象，分析了影响事件减缓、应急救援和快速恢复的因素，构建了事中评价度量框架和概念模型，并从可减缓性、可救援性和可恢复性评价三个角度对事中评价策略进行了分析，同时给出了三种评价模型。

第 10 章　三维风险分析与应急评价

第 3～8 章已经探讨了二维风险矩阵理论及其应用。在应急管理领域，由于所研究问题的复杂性和多变性，根据两个维度往往无法全面、系统地对风险进行评价分析，基于此人们通常会引入第三个维度，即使用三维风险分析方法作为研究的工具和方法。本章对三维风险分析和应急评价模型进行简单介绍。

10.1　三　　维

10.1.1　三维的含义

三维是在平面二维坐标系中加入一个方向向量构成的空间系。通过人为规定的互相交错的三个方向建立三维坐标，可将整个世界任意一点的位置确定下来，从这个角度来看，三维就是为了确定位置。三维即坐标轴的三个轴——x 轴、y 轴、z 轴，其中左右空间以 x 表示，上下空间以 y 表示，前后空间以 z 表示，如图 10-1 所示。

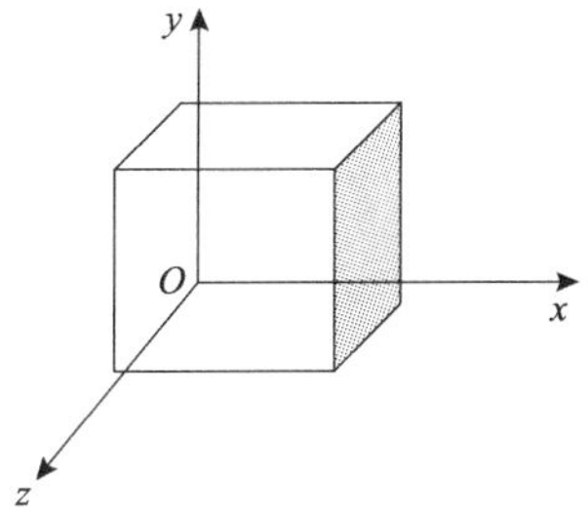

图 10-1　三维立体图

此处，维表示方向。一维空间是由一个方向确立的直线模式，具有单向性，由 x 向两头无限延伸而确立。二维空间则是由两个方向确立的平面模式，具有双向性，由 x 和 y 两向交错构成一平面。不难理解，三维空间是具有三向性的立体空间，向 x、y、z 三个方向无限延伸。

二维空间使用一个二维平面，可囊括大千世界，也可展现二维变量之间的联系与区别，从而实现对输入信息和数据的快速、简化分类。简化的二维图像无法替代实际操作过程中所遇所见的景象，甚至有些苍白。落地到实践需要的是无数次真实的操练映入脑海的生动画面，这个画面是运动的而非静止的、是立体的而非平面的，即是三维而不是二维。在实际工作中，二维与三维环环相扣，从二维到三维，虽只是增加了一个维度，但展现的是不同的认知，与之伴随的是更为生动的还原和巨大计算量的增加，呈现出更为具体而灵活、以时空变换为转移的分析特点。

10.1.2　三维矩阵的特性与应用

三维矩阵在 20 世纪 80 年代初被提出，之后随着不断地系统整理、总结和扩充，其在非线性模型中得到了广泛应用。

从数学角度来看，一般将 $n\times p\times q$ 的三维数组称为三维矩阵，简称立体阵或体阵。其中，n 表示此三维矩阵共有 n 层，$p\times q$ 表示每层都是一个 $p\times q$ 的矩阵。三维矩阵 X 的第 k 层、第 i 行、第 j 列上的元素由 $X_{k,i,j}$ 表示。三维矩阵的高度、厚度和宽度则由 n、p、q 表示。

从风险评价角度来看，三维风险矩阵可由风险的可能性、脆弱性和严重性三个维度组成，对每个维度进行分级之后，不同维度的因素会对综合风险等级产生影响。与二维风险矩阵类似，可以构建出三维风险矩阵的灰度图如图 10-2 所示，其中区域 1 为高风险区域，区域 2 为中等风险区域，区域 3 为低风险区域。在实际应用中，三维风险矩阵可以清楚地识别风险矩阵中各个元素对应的风险等级分布。

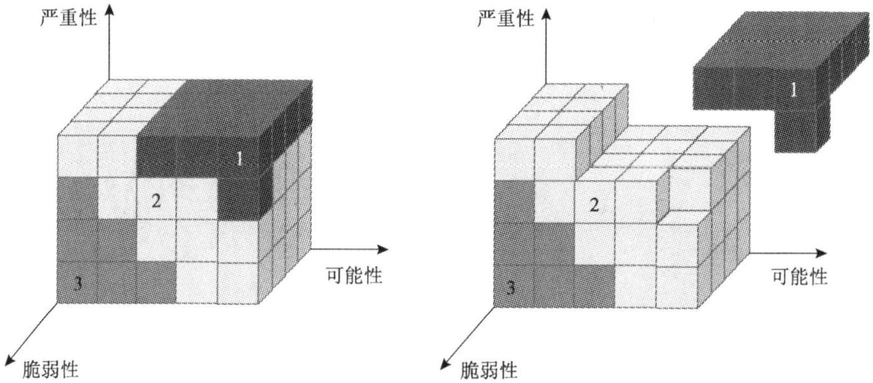

图 10-2 三维风险矩阵示意图

10.2 模糊三维风险矩阵

在风险分析中，由于存在多个不确定因素，在实际操作过程中往往存在不清晰和确定性模糊的情况。不确定性可分为两类：由于评估过程的随机性(可变性)而产生的客观不确定性以及由于有限的、局部的知识和信息(不精确性)而产生的主观不确定性。在不确定情况下，可以使用模糊逻辑方法。扎德(Zadeh)指出，模糊逻辑或模糊集合论具有不确定性和不精确性，能够解决没有清晰边界和精确值的问题。模糊集的概念提供了能够表征特定风险分析方法中涉及不确定参数的数学公式。以传统风险矩阵为基础，运用模糊逻辑方法，将所有风险分量用模糊集进行表示，即开发出了模糊风险矩阵。

10.2.1　传统三维风险矩阵评估方法

风险评估矩阵是进行主观风险评估的工具，可用于不同的过程风险分析。风险矩阵的基础是将风险定义为在某一事故情景中发生后果的严重性及其频率的组合。建立风险矩阵一般需要采取以下步骤：①对风险发生的后果和频率进行分类与定标；②对输出的风险指数进行分类与定标；③建立基于风险的规则；④风险矩阵的图形编辑和输出。

风险严重性和频率的分类取决于所涉及环节的类型或具体情况。假设将风险发生的频率分为六类，后果的严重性分为四类，就可以构成一个具有 24 个单元的平面矩阵，每个单元代表一个风险类别。有时，特别是对于简单的风险评估，可以使用 3×3 或者 5×5 的矩阵形式。在大型过程风险评估中，可以使用如 7×5 的矩阵形式，这意味着有 7 个不同概率和 5 种不同严重性的后果，该风险矩阵有 35 个单元。

图 10-3 展示了标准三维风险矩阵的所有输入和输出之间的关系。

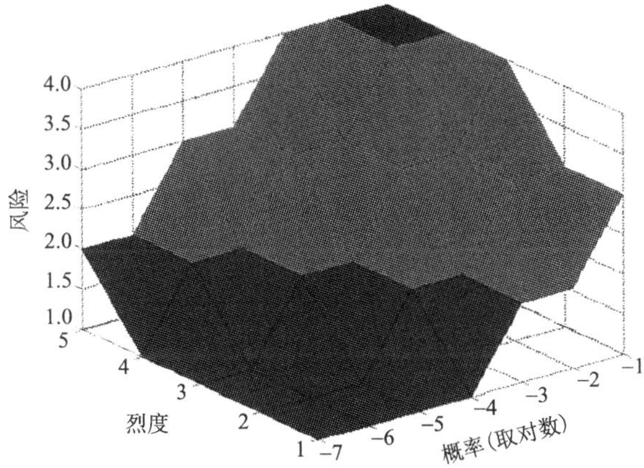

图 10-3　标准三维风险矩阵示例

一般来说，可将风险分为三类或四类。按照严重性，可将风险分为四个类别：①可接受的，不需要进一步的行动；②可接受的，进一步的行动基于最低合理可行状态(as low as reasonably practicable)原则；③可接受的-不可接受的，需要额外的安全措施；④不可接受的，必须立即改变。

使用传统风险矩阵进行风险评估时还可能遇到这样的情况：两个不同的风险具有极其相近的参数取值(即概率和烈度)，其中一个参数的取值相同，另一个参数的取值很接近且分别位于临界值的两端。如图 10-4 所示，假设现在有两个待评估风险，其烈度等级均为微小，但其中一个风险的发生概率为 0.39(略低于临界值)，另一个风险的发生概率为 0.42(略高于临界值)。这样就会导致一个风险得到的评价结果是低风险，而另一个风险得到的评价结果却是中风险。仅仅 0.03 的差距就使得评估结果迥异，这显然存在不合理性，因此输入变量使用精确值进行刻画和分级并不完全合适。

中等	低	中	中
微小	低	低	中
可忽略	低	低	低
原点	0.00～0.10	0.10～0.40	0.40～0.60

图 10-4　传统风险矩阵的一部分

10.2.2　构建模糊三维风险矩阵评估方法

为了克服传统三维风险矩阵带来的不确定性和不精确性，Markowski 等(2009)提出将模糊逻辑引入传统风险矩阵中。模糊逻辑可以处理不确定性和不精确性，并且可以解决没有清晰边界和精确值的问题。在模糊逻辑中，与传统的自变量等价，模糊集是针对特定的语言变量，即频率、后果的严重程度和风险而定义的。每个变量的选择类别构成模糊集。Markowski 等采用如下步骤构造了一个模糊风险矩阵(图 10-5)：

1)将变量的取值方式转换为模糊集，定义变量语义和取值范围；

2)为变量选择合适的隶属函数，采用高斯型隶属度函数；

3)将 Mamdani 模糊推理算法作为主要计算规则输入映射至模糊输出；

4)使用重心法(centroid method)对原始输出实施去模糊，得到精确的风险评估值。

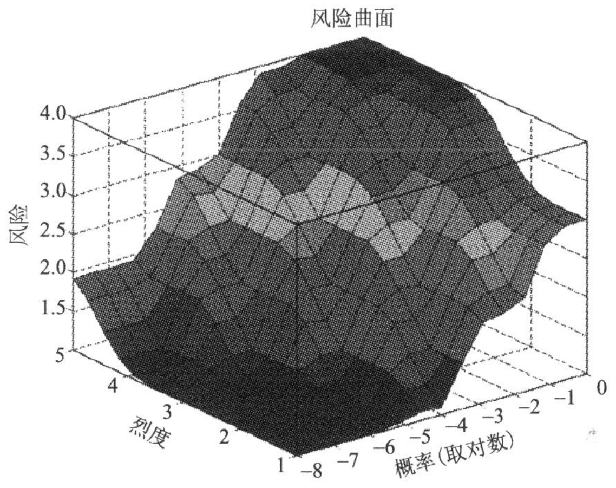

图 10-5　标准模糊风险矩阵

综上可以看出，风险矩阵是一种非常有用的工具，可用于半定量风险评估和风险控制措施的选择。如果按照传统方法，仅根据发生频率和后果严重性对风险进行分类，那么得到的整体风险类别(风险评分)结果相当不精确且模糊，这可能会进一步导致产生不确定性风险类别。在风险评估中，处理这种不确定性的方法之一是模糊逻辑，其中模糊集是一个基本问题。与传统三维风险矩阵相比，在使用模糊风险矩阵的情况下，风险矩阵的所有变量都被表达出来。

10.3 三维风险分析与应急评价模型

第 3～8 章已经阐明了风险发生的可能性与严重性的二维风险分析模型。然而在实际应急评价中，二维属性的刻画往往不能立体、全面地刻画风险本身。在这种情况下，如果引入一个新的、根据评估客体的特征来设立的维度，那么就可以构建出更为立体的三维风险矩阵。三个维度相互组合得到所有的风险要素集合，进而进行三维风险评价。

10.3.1 时间-空间-能量三维风险分析

可从时间(发生的时间段或发生的时长)、空间(发生的地点)和能量(发生的能量等级)三个维度对风险进行刻画(图 10-6)。这种三维分析方法对于能量突然释放的风险分析最为适用，如地震、滑坡或者爆炸类事故。在时间-空间-能量三维风险分析中，风险可被显而易见地分为 8 种不同的严重性(表 10-1)。

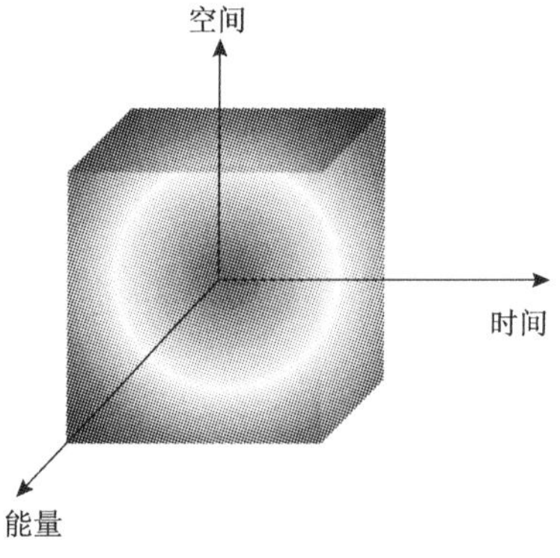

图 10-6 时间-空间-能量三维风险矩阵示意图

表 10-1　时间-空间-能量三维风险矩阵

时间-空间-能量三维风险种类	说明	危害程度
1	能量小，时间不利于破坏能量传播(或发生时间短)，空间不利于破坏能量传播	危害程度最低，Ⅰ级
2	能量小，时间不利于破坏能量传播(或发生时间短)，空间利于破坏能量传播	危害程度Ⅱ级
3	能量小，时间利于破坏能量传播(或发生时间长)，空间不利于破坏能量传播	危害程度Ⅲ级
4	能量小，时间利于破坏能量传播(或发生时间长)，空间利于破坏能量传播	危害程度Ⅳ级
5	能量大，时间不利于破坏能量传播(或发生时间短)，空间不利于破坏能量传播	危害程度Ⅴ级
6	能量大，时间不利于破坏能量传播(或发生时间短)，空间利于破坏能量传播	危害程度Ⅵ级
7	能量大，时间利于破坏能量传播(或发生时间长)，空间不利于破坏能量传播	危害程度Ⅶ级
8	能量大，时间利于破坏能量传播(或发生时间长)，空间利于破坏能量传播	危害程度最高，Ⅷ级

以唐山地震与汶川地震为例，尽管汶川地震的破坏力和波及范围超过唐山地震，但汶川地震的伤亡人数和经济损失对国家GDP造成的影响却远小于唐山地震。究其原因，毫无疑问地要归功于我国几十年来坚持不懈的应急管理能力建设。但从时间-空间-能量的角度进行分析，不难发现汶川地震发生在下午，受灾群众绝大多数保持清醒的状态，地震发生时可以第一时间逃生或者自救。而唐山地震发生在人们酣睡的凌晨，破坏力极大的地震来临之际，该时间段更有利于破坏能量的传播，大多数人无法自救，进而造成了更大的人员伤亡。

10.3.2　概率-烈度-时间三维风险分析

风险评价模型种类很多，且具有不同的侧重点，但其基本思路与原理都是源自风险的基本函数表达：

1)为对象的风险，综合考虑事故出现概率与相应后果严重性两个因素，是概率与严重性的函数；

2)为事故出现的概率，表示事故的可能性；

3)为可能出现的事故的后果严重性。

通常情况下，在风险定量分析中均采用乘法原理，将可能性与后果严重性的结合转化为两者经过量化取值后的乘积形式，根据计算出的数值大小来判断对象的风险水平高低。

在可能性维度中，主要是通过统计计算后果发生的频率，进而获得后果在一定时期内发生频次的比例，即视为后果出现概率。后果出现概率的取值范围在[0,1]，概率越大也就越可能出现。

在后果严重性维度中，则是根据其造成后果的详细情况分别进行等级划分与量化标定。例如，某种事故可能造成的后果包括人员方面的死亡、重伤、轻伤、职业病、毒害等各类情况；经济方面的设备损坏、材料损失、环境破坏等。也有学者将后果的内涵扩充至事故对社会范畴的影响，如社会稳定、群众舆论、商誉价值等潜在的非直接后果，而这些后果均可从不同的角度实现分级与量化。

对于高危生产系统的动态风险定量评价而言，由于动态风险具有广泛的内涵，它既可以是事故严重性与可能性结合的事故风险，也可以是事故伤亡人数规模与可能性结合的死亡风险，还可以是事故链前端某一类危险事件的不同严重性与可能性结合的危险事件风险，如设备故障风险、装置泄漏风险等。

风险管理具有三大环节，即风险辨识、风险评价、风险控制。对于动态风险管理，在现有研究中，学者更加关注的是如何使风险管理有效地解决管理对象风险的动态性问题，而解决的办法通常是设法提高管理流程和模式的自循环与连续性。

风险管理的三大环节中，风险控制既是最终目的，也是分析评价之初就需要考虑的重要方面。风险预警预控，“预”是最关键的要点，强调的是在风险衍生出具体危害后果之前，采取超前的、有效的防控措施。因此，可将风险管理的超前性质称为时间裕度，是指为了保证风险预警预控的超前性而在风险管理中留出的一定相对充裕的时间。

时间裕度的作用与实际意义，可以通过图10-7的对比进行解释。

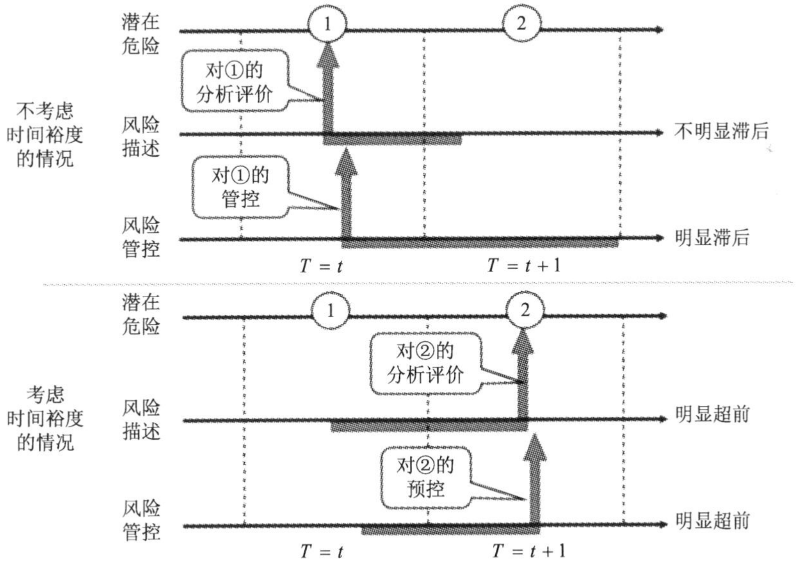

图10-7　动态风险中时间裕度的作用

在不考虑时间裕度的风险管理中，都是对当前 t 时刻或时段内的潜在危险①的后果及其风险水平进行分析与评价，然后采取相应的控制措施。但是危险状态是动态变化的，采取针对潜在危险①的管控措施时（T=t），潜在危险可能已经演变为另一种潜在危险②（T=t+1）。这就造成了风险分析与评价虽然在时间上没有明显滞后，但是风险管控措施却明显滞后潜在危险实际的变化。如果考虑时间裕度，可以在当前 t 时刻或时段，分析与评价未来 t+1 时刻或时段的潜在危险②，并在随后超前采取预控措施来控制潜在危险②的不期望后果。针对不同的分析对象及其风险动态特征保留相应充足的时间裕度，能够提高认识与预警动态风险的价值，同时为预控措施的实施留有足够的时间，提高预控的及时性和准备工作的充分性。

10.3.3 强度-密度-韧性综合应急评价

针对不同强度的突发事件，从灾害强度、受灾人口密度、区域韧性三个维度出发，可对一个地区的应急能力进行评价。灾害强度评价关注的是被评价区域内所承受的外来冲击，往往是不可抗力；受灾人口密度是单位面积上的人口总数，是突发事件作用的客观对象；区域韧性是一个区域在面临突发事件冲击的情况下，自我恢复的能力。

灾害强度往往是难以估计的，为了抵御自然和人为灾害，人类不断应用现代化科技在城市内部修建大量防灾工程，但大多数城市在灾害风险面前仍然不堪一击，甚至陷入瘫痪。灾害强度越大，对某一地区造成的风险越大。

受灾人口密度涉及区域风险识别、城市规划、人口安置等问题。有效识别某一区域内可能存在的风险源，人为干预显著降低高风险地区的人口密度，如位于潜在山体滑坡区域的居民数量，可以极大地挽救人民的生命财产安全，防患于未然。

联合国人居署对韧性城市的定义是增加城市应对自然和人为危机影响的韧性，这一目标的主要支柱之一是确保城市能够抵御灾难性事件并迅速恢复。洛克菲勒基金会将城市韧性定义为城市中的个人、社区、机构、企业、系统在各种慢性压力和急性冲击下存续、适应、发展的能力。由于韧性城市涉及的领域十分宽泛，韧性城市的恢复力评价必然要考虑城市整体复杂性，包括技术、组织、社会和经济多个方面的不同维度。

城市韧性恢复力问题涉及多主体、多客体、多维度，不能依靠直接观察测定，必须通过机理分析、替代指标和韧性因子进行推导(吴波鸿和陈安，

2018）。同时，由于城市韧性恢复力的复杂性，应该对韧性问题进行降维并对研究对象和应对风险进行合理简化，即对韧性城市恢复力问题中的最小表现单元在某种单一风险或外部扰动影响下的韧性表现进行分析。选择的替代指标和韧性因子应符合城市韧性的基本定义，具有代表性、可以量化，以方便进行比较，这些指标可以通过搜集历史资料或经过合理假设获得。

韧性城市恢复力评价分为强度、刚度和稳定性 3 个方面。其中，强度是指城市抵抗外来灾害破坏的能力，用以描述研究对象在外来扰动侵袭下维持其自身功能正常运转的能力；刚度是指城市或其他研究对象在一定灾害破坏下自身功能免于遭受损失的能力；稳定性是指城市保持其未受灾害影响状态下自有平衡状态的能力，与城市的组织结构息息相关。如图 10-8 所示，城市 A 抵抗外来灾害破坏的能力高于城市 B，城市 B 的城市功能受外来灾害破坏的影响小。换言之，城市 A 的韧性强度高于城市 B，城市 B 的韧性刚度高于城市 A。

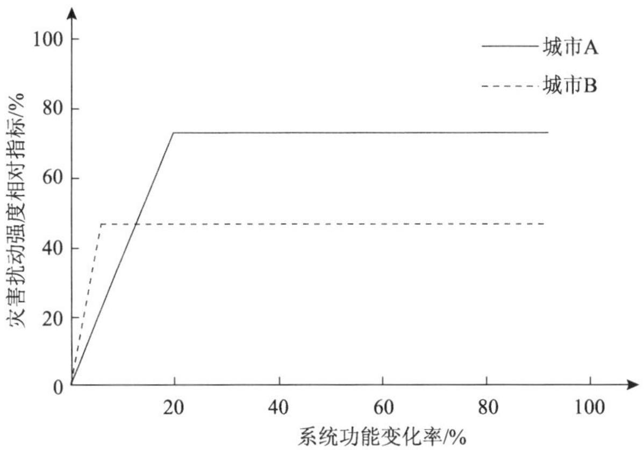

图 10-8　韧性城市恢复力强度与刚度指标概念图

再次对比唐山地震与汶川地震的抗震救灾过程可以看出，经过几十年脚踏实地的应急能力建设，面对破坏力和波及范围均超过唐山地震的汶川地震，受灾地区的恢复速度或者说区域韧性显著提高，汶川地震的伤亡人数和经济损失远小于唐山地震。区域韧性的提高主要体现在以下三个方面[①]：

首先，应急组织与指挥统一有序。唐山地震发生时，我国尚未建立地震应急预案，以致震后 18 小时成立救灾指挥部，震后 7 天才有官方代表赶赴唐山慰问受灾群众。由于缺乏应急预案指导，救援初期造成了一定程度的混乱和损失，甚至是局部失控的局面。汶川地震发生后，震后 1 小时国务院就成立了包括 9 个工作组在内的国务院抗震救灾总指挥部，震后 6 小时国务院总理温家宝就到达灾区主持工作，地震发生当晚国家主席胡锦涛召开政治局会议全面部署抗震救灾工作，受灾地区的地市级政府也迅速成立了各级抗震救灾指挥部。

其次，应急技术与系统发展迅速。由于通信设备和技术手段的落后，唐山地震发生后 3 小时中国地震局才报告震中，震后 6 小时向中央发出震情报告；地震造成通信线路、交通线路中断，使得灾区政府陷入慌乱，无法及时传递地震灾害情况，严重影响了中央对灾情的判断及后续指挥部署；囿于当时的科技水平，救援队伍缺乏大型应急救援装备，遑论其他高科技技术，救灾人员从全国涌向唐山，一度造成交通瘫痪，以上种种都对地震救援造成了负面影响。反观汶川地震，震后 13 分钟中国地震台网中心就确定了发震时间、震中位置和震源参数，震后 20 分钟中国地震局就将详细的地震资料上报国务院；汶川地震中，应急监测检测技术、应急通信技术、3S[②]技术、应急物流运输技术、数据处理分析技术、决策支持技术等诸多现代应急技术得以应用，如生命探测仪、无人机、卫星通信及大量特种应急救援设备均投入到汶川地震救援中，极大地提高了救援效率和成功率。

最后，应急响应与救援及时高效。唐山地震中，缺乏应急预案指导，以

---

① 资料整理自中国地震局官方网站等。

② 3S 是指全球定位系统(global positioning system，GPS)、地理信息系统(geographic information system，GIS)、遥感(remote sensing，RS)。

及有效的应急体制、机制、法制，应急响应迟缓，震后 8 小时救援部队才开始陆续进驻灾区，救援力量主要依靠人民军队，没有专业地震救援队伍。初期，组建了 5000 人的医疗队伍，随后累计投入救灾部队 11 万余人。汶川地震发生后，震后 10 分钟中国地震局就启动了 I 级预案，各机构各部门随即启动一级响应；当地驻军和中国国际救援队开始动员部署，尽管发生在山地地区，救援难度远高于平原地区，但震后 7 小时解放军和武警部队已出动 5 万余人投入救援，震后 8 小时中国国际救援队到达灾区。汶川地震中救援总人数达 17 万余人，包括解放军、武警部队、地震专业救援队(24 支)，矿山危化等其他专业救援队(41 支)，消防救援队(31 支)，国际救援队(8 支)，并首次出现志愿者队伍。及时有效的应急响应与救援极大地挽救了人民生命财产安全，为后续开展灾后重建奠定了坚实的基础。

10.3.4　状态-能力-绩效综合应急评价

应急评价是一个多角色、多阶段、多范围和多维度的综合评价。从这个意义上说，综合评价由三个元素组成：状态评价、能力评价、绩效评价。状态评价关注的是现在和未来的状态，是应急响应的基础。能力评价的主要对象是应急管理主要参与者的多种能力。绩效评价是有效性和效率的总结，在未来突发事件或灾难的响应中具有实用价值。

状态评价包括突发事件、资源、管理者、灾民和关键基础设施状态五个方面的评价。突发事件的状态评价促进了所有相关资源的需求。资源评价需要提供资源的存在性、可用性、可利用性和及时性等信息。管理者和灾民的状态在某种意义上是相关的，后者会影响前者的决策。关键基础设施的评价集中在以下三个方面：①受损状态；②达到何种程度可以满足应急的需要；③快速重建的概率。

能力评价包括事中阶段和事后阶段资源的可及性、应对能力、组织协调能力，以及为灾民筹措资金的能力。对于主要的响应过程，管理者应该了解突发事件的可减缓性，灾民和财产的可挽救性，以及正常情形和安全环境的可恢复性。

评价应急管理的绩效有两种途径：一是结果；二是过程。可将应急管理看作一个项目，前者可看作评估项目的验收，而后者在某种意义上可以看作工程项目的监督，并期望应急响应的每一步都是正确的。此外，监控和响应对绩效评价也非常重要。实际上，监控不仅应用在事前阶段，考虑到一些次生灾害发生的可能性，还应用于事中阶段。

状态、能力和绩效评估在内的综合评价模型也被称作状态-能力-绩效模型。该模型可解决突发事件或与灾难有关的大部分问题，并能帮助管理者更加高效、简明、准确地进行应急响应。

下面利用状态-能力-绩效模型对大连输油管道爆炸事件进行状态、能力和绩效评估在内的综合分析。

2010 年 7 月 16 日，大连中石油国际储运有限公司原油罐区输油管道发生爆炸，造成原油大量泄漏并引起火灾，原油流入附近海域，造成环境污染。事故还造成 1 名作业人员失踪，灭火过程中 1 名消防战士牺牲。事故发生的直接原因是：在油轮卸油作业完毕停止卸油的情况下，服务商上海某公司继续向卸油管线中加入大量脱硫化氢剂(主要成分为过氧化氢)，造成脱硫化氢剂在加剂口附近输油管段内局部富集并发生放热反应，引起输油管道发生爆炸，原油泄漏，引发火灾[①]。针对此次事故，辽宁省政府 18 日成立调查组，调查了事故现场的值班人员、操作人员。

状态评价包括突发事件、资源、管理者、灾民和关键基础设施的状态五个方面的评价。下面从这五个方面对大连输油管道爆炸事件进行评价。

---

① 中华人民共和国应急管理部危险化学品安全监督管理司. 历史上七月发生的危险化学品事故[EB/OL]. https://www.mem.gov.cn/fw/jsxx/201907/t20190701_311188.shtml[2019-09-07].

(1)突发事件的状态

由于油气资源的特殊性，其爆炸容易引起后续多个连锁反应，对人的生命和财产安全的威胁非常大。对突发事件自身状态的评价包括动力源状态、稳定性和连续性、发展趋势、与其他因素耦合的概率等方面。

103 号罐北侧的 900 毫米输油管道爆炸引起火灾之后，瞬间引爆了并列的 700 毫米管道，原油从两个直径近 1 米的管道中带着火焰喷射而出，与它们紧邻的 103 号储油罐很快便起火了，500 多平方米的地面流淌火仍然继续扩大和蔓延。整个大连新港码头附近不仅有多个 10 万立方米的储油罐、原油泵房，还有 51 个二甲苯罐。只要其中一个二甲苯罐发生爆炸，现场扑救人员全部将中毒身亡。毒气飘向离事发现场五六千米的大连市区，整个大连都将变成一座死城。可以说，该突发事件的动力源非常充足，而且处于随时可能引发更进一步灾难的危险状态。

2010 年 7 月 16 日 18 时 19 分第一个消防中队赶到现场，后又陆续赶到 7 个消防中队，采用泡沫枪与流淌火展开“拉锯战”，但却控制不住火情。事件处于极度不稳定状态，如果不增加救援人员，那么对于控制现场火情极为不利。

电力系统对于油库区的控制非常重要。大火导致现场配电室被烧毁无电源可用，加上应急救援初始阶段没有应急的专业供电车，无法电动关闭阀门。如此巨大的火灾有极大概率导致供电和通信中断等。由于爆炸，罐区已全面停电，原本矗立在 103 罐附近、用于消防的高大水罐成为摆设。

(2)资源的状态

事件的发生促进了对所有相关资源，尤其是应急救援资源的需求。事件发生之突然，影响之严重，使得实施应急救援的难度空前，对应急资源的要求很高。在我国，消防救援相对其他类型突发事件的应急管理来说较为完善，各项应急资源准备较为充分，才使得在该突发事件发生后能够迅速投入救援力量进行扑救。

(3)管理者和灾民的状态

爆炸发生后，大连市消防局指挥中心接警迅速，并启动重大灾害事故应急处置预案，迅速调集128台消防车、1000余名消防官兵赶赴现场。由于反应及时，事故并未造成人员伤亡，所以灾民的状态相对良好。

可以说，事件发生之后，各级领导积极赶赴事故现场指挥救援，及时披露险情，认真分析形势，并果断做出决策，才使得火灾得以控制。其中哪一个环节出现错误都有可能引发更多的灾难。

(4)关键基础设施的状态

现场基础设施的首要作用是保证消防用水及时、充足的供应。事故发生后，与应急救援关系最密切的电力系统受损较为严重。原油罐爆炸导致配电房受损，罐区全面停电。然而，因为用于消防的高大水罐需要在电力系统的驱动下才有用武之地，电力系统的瘫痪使得高大水罐成为摆设。

在当时的紧急状态下，大火疯狂肆虐，想要修复受损的电力设施难度非常大。因此，可以将电力设备保存下来，利用应急的供电系统和大管径、大功率远程供水设备，抽调海水进行现场救援。

在能力评价方面，对于一般性突发事件而言，能力评价包括事中阶段和事后阶段资源的可及性、应对能力、组织协调能力、为灾民筹措资金的能力等多个方面。

(1)资源的可及性

在资源的可及性方面，消防官兵在正常状态下备战较充分，一旦事故发生能够迅速采取应急响应措施，在人力资源方面的可及性较大。由于事件的发生较突然，事故涉及面积较广，火灾较大，仅靠大连市内储备的消防物资远不能满足救援的需要，只能在其他地区调集资源开展救援。

(2)应对能力

在大连港罐区的不远处就是危险化学品库区，因此事件的减缓工作是最重要的。由于电力系统受损，现场救援人员花了4个小时拧了8万多转，终于将两个主要阀门关闭。直至后来救援部门调来专业供电车，现场多个阀门才被关闭。主场作战的大连市消防支队为后续增援决战决胜扑救赢得了宝贵时间。

各增援部队就位后，救援指挥部门迅速制定了“先控制、后消灭”的战术原则，划分战区，部署 17 辆消防车在油罐和毗邻的危险化学品库区之间打开一条防火通道。各扑火阵地利用水泥和沙土围堵外溢原油，用移动水炮和车载水炮冷却受威胁的罐体，采取泡沫喷射、沙土覆盖等方式压制和消灭火线、地面流淌火。

可挽救性评价是针对承灾体进行的评价，包括挽救的可能性和必要性两个方面。此次事件中最重要的挽救对象是油库区的电力设施、储油罐和二甲苯罐等。虽然电力系统挽救的必要性非常大，但是在短时间内修复的可能性较小，再加上有应急供电系统可用，因此对电力系统的可挽救性评价结果确定为暂时先不去救。对于储油罐和二甲苯罐等设备，虽然其身在火海，挽救难度较大，但如果不采取措施就会引发严重的灾难，因此挽救的必要性非常大，故而应组织现场应急人员集中全力进行挽救。

(3)组织协调能力

在应急管理中，多部门相互推诿、相互扯皮的现象，会延误救援的宝贵时机，因此各部门的配合非常重要，不仅包括现场处置部门之间的配合，还包括一些保障方面的配合。

多部门的协调配合使得事故的应急救援得以有序进行。事故发生后，大连市公安局金州区分局调集 15 辆警车赶赴沈大高速三十里堡服务区，对所有外地来大连支援的消防车进行引导，同时派出交警沿途进行交通疏导，确保增援力量在最短时间内赶往现场。2010 年 7 月 17 日零时 23 分，首支增援部队到达现场。

事故启动了跨区域作战、多方联动的政策，以保证“弹药”供应。辽宁省公安消防总队通过陆路调集全省作战物资的同时，提请公安部消防局调集天津、河北、吉林、黑龙江等地 400 余吨泡沫以海运和空运多种运输方式送往现场。

就绩效评价而言，涉及突发事件的监控、响应、救援过程、救援结果四个方面。

1)监控。在大连输油管道爆炸事件中，对于事件的监控，相关部门做的准备相对来说比较充分。2010 年 7 月 16 日 18 时许，发生爆炸。18 时 12 分，火警即传来。18 时 19 分，第一个消防中队即赶到现场，后又陆续赶到 7 个消防中队。可以说，相关部门及时监控到了事件的发生，并迅速投入救援力量进行应急响应。

2)响应。在应急响应过程中，平时的应急准备在关键时刻取得了良好的效果。另外，中央及各部委领导、省市级领导，在事件发生后的第一时间赶到现场指挥救援。

3)救援过程。在救援过程中，由于火势非常凶猛，前几支消防中队只能用泡沫枪与流淌火进行“拉锯战”，控制流淌火，等待后续部队的救援，但却控制不住火情。应急部门迅速调度、多次调警是扑救取得成功的保证。跨区域作战和多方联动，体现了多部门、多地区的协调配合在应急管理中的重要作用。

4)救援结果。由于事故发生在海上，没有直接的灾民置身于火灾现场。但是，事故现场的 51 个二甲苯罐万一发生爆炸，将会对整个大连市的市民安全造成非常大的威胁。只要其中一个发生爆炸，就会造成无法估量的后果。经过十几个小时的应急救援，事故得到了控制，灾民的安全得到了保障，可以说，应急的结果是有目共睹的。

10.4 本章小结

本章首先对三维风险分析及应急评价进行了探讨，并对三维矩阵的特性和应用加以介绍。其次给出了模糊三维风险矩阵评估方法的使用方法。最后利用四种不同的三维风险分析与应急评价模型对实际案例进行了剖析。

参考文献

北川彻三. 1984. 安全工程学基础[M]. 北京: 劳动人事部劳动保护科学研究所.

曹宝刚. 2014. 基于校园安全视角的中小学教师行为研究[D]. 沈阳: 沈阳师范大学硕士学位论文.

曹金龙. 2012. 确认人防工程为地震应急避难场所的重要性[J]. 城市与减灾, (3): 34-35.

陈安, 武艳南. 2011. 浅议管理机制设计理论: 目标与构成[J]. 科技促进发展, (7): 64-67.

陈安, 上官艳秋, 倪慧荟. 2008. 现代应急管理体制设计研究[J]. 中国行政管理,(8): 81-85.

陈安, 陈宁, 倪慧荟. 2009. 现代应急管理理论与方法[M]. 北京: 科学出版社.

陈安, 马建华, 李季梅, 等. 2010. 现代应急管理应用与实践[M]. 北京: 科学出版社.

陈宝婷, 张梅清, 蔡宝裕, 等. 2012. 风险管理在急诊输液室护理管理中的应用[J]. 齐鲁护理杂志, 18(6): 94-95.

陈丽君. 2008. 地震灾害中的应急物流管理决策问题研究[D]. 武汉: 武汉科技大学硕士学位论文.

程立海, 唐宏, 周廷刚, 等. 2011. 自然灾害强度的评估方法及应用——基于综合灾情指数的研究[J]. 自然灾害学报, (1): 46-50.

从振华. 2010. 风险管理在涉外项目中的应用[J]. 知识经济,(20): 28, 32.

但文羽, 肖映辉, 胡周灵, 等. 2018. 基于高斯两步移动搜寻法的村镇避难场所可达性研究[J]. 地球信息科学学报, 20(10): 1412-1421.

董可荣. 2007. 矩阵理论的历史研究[D]. 济南: 山东大学硕士学位论文.

董立丽. 2008. 当前高校突发事件的特点及应对策略研究[D]. 济南: 山东师范大学硕士学位论文.

范贤涛, 曾祥凯, 马帅. 2016. 基于博德理论的道路交通事故成因分析与预防对策[J]. 交通企业管理, 31(9): 70-72.

甘培忠, 彭运朋. 2014. 论证券虚假陈述民事赔偿中系统风险所致损失数额的认定[J]. 甘肃社会科学, (1): 152-156.

高波. 2014. 建设工程项目风险的管理[J]. 科技传播, (8): 106-108.

顾德敏. 1995. 试论建筑施工企业的风险规避[J]. 浙江社会科学, (6): 117-119.
顾婧, 陈豪, 田晓丽. 2013. 考虑心理情绪因素的风险企业价值及投资决策分析[J]. 软科学, 27(8): 104-109.
关小芳, 陈磊, 袁琦. 2014. 基于风险理论的预防控制与紧急控制的协调优化[J]. 陕西电力, 42(12): 30-34.
郭飞. 2018. 安全生产管理与事故致因理论[J]. 建筑工人, 39(3): 30-33.
郭鹏. 2009. 如何有效开展风险识别和控制[J]. 中国安全生产科学技术, (S1): 163-164.
郭勇. 2007. 从供需双方看商业医疗保险中的道德风险[J]. 知识经济, (10): 64, 66.
洪琳琳. 2010. 城市绿地系统防灾避险规划研究[D]. 长沙: 中南林业科技大学硕士学位论文.
侯海周, 胡毅亭, 杨家福, 等. 2011. 区域定量风险评价方法在民用爆炸物品生产企业中的应用[J]. 科技导报, 29(17): 48-51.
胡舜. 2006. 施工企业风险管理审计[J]. 合作经济与科技, (17): 78-79.
黄芳, 徐川. 2010. 工程索赔风险管理探讨[J]. 现代经济信息, (21): 28.
黄芝晓. 2009. 政府: 风险化解“三角”的主导因素——对杭州 5. 7 交通肇事案的传播研究[J]. 新闻大学, (3): 74-80.
季成叶. 2007. 预防校园暴力: 一项值得高度关注的公共卫生课题[J]. 中国学校卫生, (3): 193-196.
姜纬, 黄亚钧. 1994. 风险和资产组合选择[J]. 世界经济文汇, (3): 60-65.
柯王俊. 2006. 我国船舶工业国际竞争力评价和竞争风险研究[D]. 哈尔滨: 哈尔滨工程大学博士学位论文.
李德峰. 2012. IT 项目风险管理[J]. 电子世界, (14): 149.
李昊. 2005. 论英美侵权法中过失引起的纯经济上损失的赔偿规则[J]. 比较法研究, 19(5): 64-74.
李宏. 2010. 自然灾害的社会经济因素影响分析[J]. 中国人口·资源与环境, 20(11): 136-142.
李湖省. 2010. 应急管理阶段理论新模型研究[J]. 中国安全生产科学技术, (5): 18-22.
廖井霞. 2013. 基于事件树和贝叶斯网络法的土石坝风险评价研究[D]. 北京: 中国水利水电科学研究院硕士学位论文.
廖永丰, 赵飞, 王志强, 等. 2013. 2000—2011 年中国自然灾害灾情空间分布格局分析[J]. 灾害学, 28(4): 55-60.
林毓铭. 2012. 常态与非常态风险视域的预防预警与应急管理[M]. 北京: 知识产权出版社.
刘炳君. 2016. 当代中国公共法律服务体系建设论纲[J]. 法学论坛, 31(1): 118-124.
刘刚, 吴川, 赵宏成. 2014. 煤矿系统安全生产中技术管理问题思考[J]. 企业技术开发, 33(29): 130, 132.
刘景凯. 2010. 以风险管理理论指导应急管理体系建设[J]. 中国安全生产科学技术, 6(4): 95-98.
刘强, 阮雪景, 吴紹洪. 2010. 重大自然灾害应急避难场所选址原则与模型建构[J]. 海洋地质动态, 26(05): 45-50, 54.
刘妍. 2013. 小额保险发展策略分析——基于“三农”风险管理体系完善的视角[J]. 农村

经济与科技, 24(11): 68-70.
刘洋. 2014. 厦门地铁一号线的施工风险管理研究[D]. 厦门: 厦门大学硕士学位论文.
卢丽薇. 2014. 高风险危化企业搬迁 风险评估是前提[J]. 现代职业安全, (12): 87.
罗宾汉. 2005. 论我国农业保险的风险控制[J]. 金融经济: 下半月, (9): 21-22.
罗慧, 王毅敏, 仲伟周, 等. 2005. 生态治理中政府部门代理人道德风险因素分析[J]. 系统工程理论方法应用, (2): 119-123.
吕宁. 2015. 弗兰克 • H • 奈特的不确定性概念及其对后世的影响[J]. 智富时代, (1X): 41.
马春兰, 张维, 李万成. 2015. 吸入硝酸及氢氟酸导致急性呼吸窘迫综合征一例[J]. 中国呼吸与危重监护杂志, 14(6): 602-603.
马建华. 2011. 应急评价: 对突发事件的评估与判断[J]. 高科技与产业化, (3): 39-42.
马宁. 2014. 人身损害赔偿标准研究[D]. 哈尔滨: 黑龙江大学硕士学位论文.
孟晓花, 宋磊. 2012. 居安思危积极推进应急避难场所建设——潍坊应急避难场所建设的几点启示[J]. 防灾减灾学报, 28(4): 94-97.
聂洁. 2008. 辨析风险及相关概念[J]. 中国经贸, (17): 79-80.
戚桂杰, 顾飞, 陈安. 2012. 管理机制设计理论中的时间规制研究[J]. 科学学研究, 30(7): 1039-1047.
秦军昌, 王刊良. 2008. 一个跨期应急物资库存模型及其解析仿真求解算法[J]. 运筹与管理, (4): 45-50, 55.
全香兰. 2006. 标的物毁损灭失风险负担的分析[D]. 延吉: 延边大学硕士学位论文.
任碧云. 2003. 信用风险的信息经济学解析[J]. 晋阳学刊, (4): 7-11.
史晓瑞. 2016. 应急避难场所适宜性评价与布局优化研究——以石家庄市区为例[D]. 石家庄: 河北师范大学硕士学位论文.
宋文亮. 2010. 田横祭海研究[D]. 青岛: 中国海洋大学硕士学位论文.
孙宗影. 2008. 企业财务风险防范措施研究[D]. 长沙: 湖南大学硕士学位论文.
谭鉴楚. 2004. 心理健康影响的要素及应对方式[J]. 中国医师杂志, (S1): 327-328.
谭雪飞. 1993. 投机在股票市场上的作用[J]. 天津金融月刊, (12): 10-13.
唐桂程. 2008. 浅论企业财务风险的分析与防范[J]. 天津经济, (8): 79-81.
陶士贵. 1998. 金融风险透析与防范对策[J]. 金融科学, (1): 22-25.
铁永波, 唐川. 2010. 汶川县城泥石流灾害风险评价研究[J]. 灾害学, 25(4): 43-47, 53.
王博. 2011. 社会组织登记工作中的行政风险及其防范[J]. 社团管理研究, (7): 48-49.
王成恺. 1995. 浅议交通事故中的倾向性[J]. 汽车运用, (5): 26.
王道坤. 2016. 国外如何预防和处理校园欺凌? [J]. 云南教育(视界综合版), (6): 14-15.
王稳, 陈琛, 汪风. 2009. 小概率高损失事件的忽略——对中国发展巨灾保险的意义[J]. 保险研究, (12): 15-20.
王雪梅. 2002. 巨灾风险及其分散机制研究[D]. 成都: 西南财经大学硕士学位论文.
王岩, 杜艳秋. 2016. 全面护理在氢氟酸灼伤患者中的应用体会[J]. 中国工业医学杂志, 29(1): 78-79.
王泽玉. 2009. 风险管理与水电安全生产[J]. 中国水能及电气化, (12): 38-42.
文汇. 2004. 城市打开“逃生门”——探访全国首家城市灾害应急避难所[J]. 晚报文萃, (2): 24-25.

吴波鸿，陈安. 2018. 韧性城市恢复力评价模型构建[J]. 科技导报, 36(16): 94-99.
肖纯，黎瑛. 2013. 化工安全生产管理之重点和要点[J]. 川化, (2): 35-36.
修济刚，胡平，杨国宾. 2006. 地震应急避难场所的规划建设与城市防灾[J]. 防灾技术高等专科学校学报, (1): 1-5.
徐赛. 2017. 立足国情致力灾害卫生应急管理研究——记中山大学政务管理学院副教授钟爽[J]. 科学中国人, (33): 62-63.
许新源，李怀泽. 2007. 警务风险管理初探[J]. 中国人民公安大学学报(社会科学版), (6): 7-13.
颜峻，左哲. 2010. 自然灾害风险评估指标体系及方法研究[J]. 中国安全科学学报, 20(11): 61.
杨文晓. 2009. 试论科技风险的产生与规避[D]. 厦门：厦门大学硕士学位论文.
姚岚. 2015. 2009～2013 我国煤矿事故统计分析[J]. 矿山测量, (1): 71-73, 88.
姚庆海. 2006. 沉重叩问：巨灾肆虐,我们将何为？——巨灾风险研究及政府与市场在巨灾风险管理中的作用[J]. 交通企业管理, (9): 46-48.
佚名. 2003. 安全生产法讲座之三十一 重大危险源的安全管理[J]. 湖南安全与防灾, (8): 25.
于明璐. 2015. 应对突发事件的应急行为决策效应研究[D]. 哈尔滨：哈尔滨工业大学博士学位论文.
袁帅. 2011. 浅谈企业法律风险防范[J]. 中外企业家,(12): 27-29.
臧麟翔. 2009. 牡丹信用卡市场风险管理初探[J]. 杭州金融研修学院学报, (8): 42-44.
张丽杰，骆素君，田广才，等. 2013. 基于 FAHP 的自然灾害应急物资储备优先级研究[J]. 军事交通学院学报, 15(5): 64-67.
张琦. 2012. 税收风险管理的实践与思考[J]. 中国税务, (12): 33.
张小趁，陈红旗. 2017. 突发地质灾害应急治理工程模式研究[J]. 人民长江, 48(17): 62-65.
张旭凤. 2007. 应急物资分类体系及采购战略分析[J]. 中国市场, (32): 110-111.
张芝霞，范增节，唐焕军，等. 2012. 陕西省应急避难场所建设侧记[J]. 中国应急救援, (3): 49-51.
张志. 2006. 浅析国际贸易风险管理[J]. 中国市场, (28): 30.
赵明，陈求稳. 2014. 城市重大危险源区域风险评价方法研究[J]. 中国安全生产科学技术, 10(9): 158-164.
赵源. 2006. 中国石化企业对外投资中的政治与法律风险及其防范[D]. 北京：对外经济贸易大学硕士学位论文.
周爱华，张景秋，付晓. 2014. 北京城区长期避难场所空间布局研究[J]. 安全与环境学报, 14(3): 151-156.
周佳桦. 2016. 校园欺凌产生的原因及应对策略研究[J]. 亚太教育, (29):93, 103.
周晓冬，袁正国，李秀民，等. 2010. PFI 项目的风险识别与分析[J]. 中国新技术新产品, (11): 216-217.
周兴涛. 2010. 浅谈监理工程师的责任风险和防范[J]. 施工技术, 39(S1): 451-452.
朱启超，匡兴华，沈永平. 2003. 风险矩阵方法与应用述评[J]. 中国工程科学, (1): 89-94.

Beale A V, Hall K R. 2007. Cyberbullying: what school administrators and parents can do[J]. Clearinghouse: A Journal of Educational Strategies, Issues, and Ideas, 81: 8-12.

Bradshaw C P, Sawyer A L, O'Brennan L M. 2007. Bullying and peer victimization at school: perceptual differences between students and school staff[J]. School Psychology Review, 36(3): 361-382.

Chen A, Chen N, Li J M. 2012. During-incident process assessment in emergency management: concept and strategy[J]. Safety Science, 5: 90-102.

Cornell D, Limber S P. 2015. Law and public policy on the concept of bullying at school[J]. American Psychologist, 70: 333-343.

Gladden R M,Vivolokantor A M,Hamburger M E,et al. 2014. Bullying surveillance among youths: uniform definitions for public health and recommended data elements,Version 1.0[J]. Atlanta: National Center for Injury Prevention and Control, Centers for Disease Control & Prevention, and US Department of Education.

Glew G, Rivara F, Feudtner C. 2000. Bullying: children hurting children[J]. Pediatrics in Review, 21: 183-190.

Gordon J A. 2002. Comprehensive emergency management for local governments: demystifying emergency planning[J]. Disaster Prevention & Management, 12(4): 340.

Markowski A S, Mannan M S, Bigoszewska A. 2009. Fuzzy logic for process safety analysis[J]. Journal of Loss Prevention in the Process Industries, 22(6): 695-702.

Rasmussen N C. 1975. The safety study and its feedback[J]. Bulletin of the Atomic Scientists, 31(7): 25-28.

Sun Z K, Mao G M, Zou Q J. 1994. Research on the post-earthquake restoration process and the economical loss[J]. Journal of Natural Disasters, 3(3): 11-17.